从建设到运营
医养结合综合体开发全流程

山东健康集团 编

山东大学出版社
SHANDONG UNIVERSITY PRESS
·济南·

图书在版编目（CIP）数据

从建设到运营：医养结合综合体开发全流程 / 山东健康集团编 . -- 济南：山东大学出版社，2023.9
ISBN 978-7-5607-8042-9

Ⅰ . ①从… Ⅱ . ①山… Ⅲ . ①养老一社会服务一研究一中国 Ⅳ . ① D669.6

中国国家版本馆 CIP 数据核字（2023）第 256642 号

责任编辑　李　港
封面设计　姚迎迎

从建设到运营：医养结合综合体开发全流程
CONG JIANSHE DAO YUNYING:YIYANG JIEHE ZONGHETI KAIFA QUANLIUCHENG

出版发行　山东大学出版社
社　　址　山东省济南市山大南路 20 号
邮政编码　250100
发行热线　（0531）88363008
经　　销　新华书店
印　　刷　济南华林彩印有限公司
规　　格　787 毫米 ×1092 毫米　1/16
　　　　　13.25 印张　241 千字
版　　次　2023 年 9 月第 1 版
印　　次　2023 年 9 月第 1 次印刷
定　　价　139.00 元

《从建设到运营：医养结合综合体开发全流程》

编委会

主　　编： 周　峰

副 主 编： 刘文立

编　　委： 黄　佳　李修刚　李培杰　公维安　高世磊　崔风祥　范怀建

执行主编： 范怀建

执行副主编： 李　宁　赵建华　田　晓

执行编委： 张　鹏　于建东　邢现强　张惟青　张　栋　王　乾　卢继栋　明　茗

前言

党的二十大报告提到，过去十年，我国已经建成世界上规模最大的教育体系、社会保障体系、医疗卫生体系……基本养老保险覆盖十亿四千万人，基本医疗保险参保率稳定在百分之九十五。下一步，仍将推进健康中国建设。实施积极应对人口老龄化国家战略，发展养老事业和养老产业……深化医药卫生体制改革，促进医保、医疗、医药协同发展和治理，促进优质医疗资源扩容和区域均衡布局。从报告中，我们不难看出党和政府对于医疗和养老事业的重视和巨大投入。

随着我国人口老龄化程度的加速、加深，“健康中国 2030”规划的实施，以及医养健康被列入山东省新旧动能转换“十大产业”，山东省医养结合产业正蓄势待发。医养结合虽是医疗卫生服务需求和生活照料需求的叠加，但并非简单的“医 + 养”。在原有模式中，有限的医疗卫生资源和照料服务体系，以及彼此相对独立的服务体系远远无法满足服务对象的需要。未来的医养结合应该是围绕老年人和其他全年龄段服务对象的一种新型社会服务体系。这种体系完全以服务对象需求为中心，突破医养界限，提供全方位、连续性的服务，完全融入未来“健康中国”的社会保障体系。

关于医养结合，国内外有多种模式和类型，其中不乏各种理论与案例。但由于各地基本情况、相关政策和资源的差异，多数模式无法照搬。山东省内的医养结合产业也缺少真正具有实践性的示范性项目。

作为 PPP 项目，济南高新东区医院（山东健康集团济南医院）暨颐养中心依托政府的重视和大力扶持，以及山东健康集团这一山东省医养健康产业整合重组平台，具备打造山东健康集团旗舰医疗项目的条件，也承载着打造山东省医养结合事业“齐鲁样板”的重任。

承担项目建设的山东健康集团筑健康代建公司，与济南高新技术产业开发区管理委员会（简称“济南高新区管委会”）相关部门展开深入合作，排除各种障碍，快马加鞭地全面推进项目建设进程。在疫情和原材料涨价等多种不利因素干扰的情况下，将27个月的建设周期缩短至15个月，使得项目提前一年进入运营期，堪称建设奇迹。

在筹建过程中，筑健康代建团队在PPP项目运作、工程建设、运营筹备、融资贷款以及医养结合模式的探索方面，积累了大量在理论书籍上看不到却又颇具参考价值的实践经验，这也是筑健康团队第一次深入探索代建模式。筑健康团队从一开始就将相关实践经验及时记录、总结，并组建了专门的项目标准化建设材料整理、编写团队，将建设经验和标准化材料形成图文资料，并编辑成册。这些筹建过程中的切实思考和宝贵经验，对于山东省乃至全国其他类似项目的建设均具有一定的参考价值。筑健康代建团队愿将这些经验分享给集团其他单位，也希望借此为山东省乃至全国的医养产业探索贡献自己的微薄力量。随着代建模式的不断深入，筑健康团队依托山东健康集团的资源支持，紧紧围绕大健康领域摸索出了具有山东健康特色的“健康+”发展体系，并在省内率先制定《代建标准化手册》，在行业内建立了系统化的“大健康”代建标准和模型。

由于时间仓促和水平所限，书中难免有疏漏或不妥之处，恳请同行专家及阅读本书的读者提出批评意见和建议，以便再版时改正和完善，我们表示衷心的感谢！

编　者

2023年4月于济南

目录

第一章

使命召唤：医养结合产业发展及现状

关于医养结合项目，国内外有多种模式和类型，其中不乏各种理论与案例。但由于各地基本情况、相关政策和资源的差异，多数模式无法照搬。山东省内的医养结合事业也缺少真正具有实践性的示范性项目。山东健康集团济南医院暨颐养中心项目生逢其时，勇担使命。

第一节　医疗和养老产业发展背景

2016 年，中共中央、国务院印发《“健康中国 2030”规划纲要》，提出：全民健康是建设健康中国的根本目的。立足全人群和全生命周期两个着力点，提供公平可及、系统连续的健康服务，实现更高水平的全民健康。要惠及全人群，不断完善制度、扩展服务、提高质量，使全体人民享有所需要的、有质量的、可负担的预防、治疗、康复、健康促进等健康服务，突出解决好妇女儿童、老年人、残疾人、低收入人群等重点人群的健康问题。要覆盖全生命周期，针对生命不同阶段的主要健康问题及主要影响因素，确定若干优先领域，强化干预，实现从胎儿到生命终点的全程健康服务和健康保障，全面维护人民健康。

一、健康中国背景下的医疗卫生事业

医疗卫生事业关系亿万人民的健康，关系千家万户的幸福，是重大民生问题。加快医疗卫生事业发展，适应人民群众日益增长的医疗卫生需求，不断提高人民群众健康素质，是促进经济社会全面协调可持续发展的必然要求，是提高人民生活质量的重要举措，是全面建成小康社会和构建社会主义和谐社会的重大任务。

党的十九届五中全会审议通过了《中共中央关于制定国民经济和社会发展第十四个五年规划和二〇三五年远景目标的建议》，提出要全面推进健康中国建设，落实医疗机构公共卫生责任，坚持基本医疗卫生事业公益属性，加快优质医疗资源扩容和区域均衡布局，加快建设分级诊疗体系，加强公立医院建设和管理考核。

由此可以让人感受到，党和国家高度重视人民健康，把健康中国上升为国家战略，把医疗卫生与健康事业发展摆在经济社会发展全局重要位置，医疗卫生与健康事业发展进入新阶段，全方位、全周期保障人民健康成为新要求。

提供有效的医疗卫生服务，发展健康服务业上升为国家战略，极大地丰富了医疗卫生事业的内涵和外延，为医疗卫生事业提供了广阔的发展空间，明确了国家和地方医疗卫生体系建设与改革的关键导向，指明了医院的定位与职能。

另外，“十四五”期间，随着医疗保障、医疗服务、公共卫生、药品供应、监管体制综合改革的统筹推进，我国将进入全面深化医药卫生体制改革的决胜阶段和改革措施密集出台期，相应改革措施的推行将进一步破除卫生事业发展的体制机制性障碍，使医疗保障制度更加完善、医疗服务价格体系更加合理、城乡医疗资源分配更加公平、公共卫生服务均等化水平更高、基本医疗卫生制度更加健全，为医疗卫生事业快速发展注入新活力。

二、来势迅猛的人口老龄化及应对

按照联合国的传统标准，一个地区 60 岁以上老年人口达到总人口的 10%，即视为该地区进入老龄化社会；新标准是 65 岁以上老年人口达到总人口的 7%，即视为该地区进入老龄化社会。

第五次全国人口普查数据显示，截至 2000 年 11 月，我国 60 岁以上人口达 1.3 亿，占总人口的 10.2%；65 岁以上老年人口已达 8811 万，占总人口的 6.96%。按照国际标准衡量，我国已经进入了老龄化社会。

第七次全国人口普查数据显示，截至 2020 年 11 月，我国 60 岁及以上老年人口 26402 万，占总人口的 18.70%；65 周岁及以上老年人口 19064 万，占总人口的 13.50%；全国老年人口抚养百分比为 19.70%，比 2010 年提高 7.80 个百分点。

另有报告预测，到 2050 年，我国老年人口将达到 4.8 亿，约占届时全球老年人口的 25%，比 2020 年美、英、德三个国家的人口总和还要多。

与其他国家相比，我国人口老龄化来势更加迅猛。60 岁以上老年人口比例从 10% 发展到 20% 这个过程，法国大约用了 130 年，瑞典大约用了 100 年，英国大约用了 80 年，而我国只用了不到 30 年的时间。这意味着，发达国家是在经济发达、社会文明程度高的情况下进入老龄化社会的，而我国在 60 岁老年人口首次超过 10% 的时候（2000 年），人均国内生产总值（GDP）刚达到

900 美元。“未富先老”对我国的养老事业提出了更大的挑战，国家应对老龄化的任务也更加严峻和紧迫。

（一）我国应对老龄化的成就

进入 21 世纪以来，党中央、国务院高度重视老龄工作，把积极应对人口老龄化纳入国家战略，采取了一系列发展老龄事业的政策举措。例如，国家不断完善社会保障制度，鼓励建设养老机构，推进医疗制度改革，加强特殊人群保障和基本生活救助，老龄事业初显成效。

在养老保险保障方面，基本养老保险覆盖范围不断扩大。截至 2020 年年底，全国参加基本养老保险人数为 99865 万人。基本养老保险待遇水平稳步提高，多层次养老保险制度逐步完善。

在推进医保改革方面，基本医疗保障水平不断提升。截至 2020 年，全国参加基本医疗保险人数为 136131 万人，参保率稳定在 95% 以上；异地就医跨省结算稳步推进。

在养老服务机构方面，截至 2020 年年底，全国共有各类养老机构和设施 32.9 万个，养老床位合计 821 万张，每千名老年人拥有养老床位 31.1 张。2020 年，中央财政下拨 9.93 亿元，继续支持开展居家和社区养老服务改革试点，鼓励试点地区扶持社会力量提供居家和社区养老服务，支持养老机构向居家和社区提供延伸服务等。与此同时，养老服务综合监管力度不断加大，制度更加健全。2020 年 7 月，民政部、中央政法委等六部门联合印发《关于规范养老机构服务行为　做好服务纠纷处理工作的意见》（民发〔2020〕89 号），为保障老年人身体健康和生命财产安全、维护养老机构合法权益和正常服务秩序提供了政策依据。2020 年 9 月，民政部公布《养老机构管理办法》（民政部令第 49 号），进一步规范养老机构管理。同时，持续开展全国养老院服务质量建设专项行动，提升养老服务质量。

在推进长期护理保险制度试点方面，2020 年 9 月，国家医保局会同财政部印发《关于扩大长期护理保险制度试点的指导意见》（医保发〔2020〕37 号），明确参保对象、保障范围、资金筹集、待遇支付等基本政策，对基金、服务、经办等管理服务和组织实施提出相关要求，并明确扩大试点范围，新增 14 个试点城市。

（二）机构养老资源总量不足，结构不均衡

在党中央、国务院的高度重视下，加之经济高速发展，我国老龄事业取得了巨大成效，老年人收入不断提高，保障条件持续改善。然而，距离真正实现养老发展的目标还有相当大的距离。

目前，各地养老产业发展策略明确了“9073”或“9064”的发展目标。该目标是指 90% 的居家养老，6%~7% 的社区养老，以及 3%~4% 的机构养老。尽管居家养老之外的比例看似不高，但实际上床位缺口仍然巨大。即便如此，并不是现有床位都得到了充分利用。2020 年，全国养老机构的床位利用率仅仅在 50% 左右。

究其原因，一方面是全国范围内新建养老机构数量增长迅速，后期运营还没有完全跟上，导致床位利用率低；另一方面，目前中国社会化养老机构供给总体格局呈现两头大、中间小的“哑铃形”资源错配问题。也就是说，高端豪华型养老设施多，设施简陋的救助型养老机构多，但中端的、真正适合多数老年人、针对失能半失能群体刚性需求的养老机构少。而这部分既能满足基本生活照料需求又具有医养结合康复护理功能的中档养老机构，正是当下养老最大的需求所在。这种结构的错配导致了“空床率过半与排队拥挤短缺并存”的结构性供求矛盾。

（三）市场化及专业化水平有待提升

我国的养老模式既存在城乡区域布局的差异，也存在公私机构非平等性竞争双轨制运行的状况，加之养老社会保险改革约束下的基本养老金低水平约束等问题，使得养老产业市场化发展受到限制。因此，如何突破现有行政管理体制对养老事业产业化发展的束缚，如何平衡公益性养老与市场营利性养老产业，在政府主导的社会基本养老保险体系基础上，促进养老产业市场化、专业化发展，是亟须解决的课题。

相对于以美国为代表的市场化养老模式，以日本为代表的政府补贴福利型养老更贴近我国养老产业的发展趋势。近年来，我国养老企业也曾多次通过赴日考察和与日本养老机构合作的形式，探索适合我国的养老模式。虽然至今尚未诞生较为成功的案例，但仍然是值得努力的方向。在日本成熟的养老体系中，其高质量的介护技术、医疗服务及精细化管理都值得我国养老机构学习。

三、医养体系相对独立带来的困境

我国的老龄化问题非常复杂。人口老龄化使失能、患病老人的医疗和养老问题很难区分开来。随着人均寿命的延长，心脑血管病、糖尿病、阿尔茨海默病、帕金森病等慢性疾病的患病人数也日益增多。另外，“4–2–1”家庭结构和紧张的工作生活节奏，导致年轻人生存压力增加、负担变重，家庭养老功能明显减弱，甚至出现了“空巢化”的现象；单纯的养老机构也很难满足高龄、失能、患病老人的医疗和养老的多重需求。

老年人的医疗卫生服务需求和生活照料需求叠加的趋势越来越显著，而我国医疗服务和养老服务两个体系相对独立，无法适应这种趋势。养老院无法提供全面的医疗服务，而医院只负责疾病的治疗。老年人一旦患病，就不得不往返于家庭和医院、养老机构和医院之间，既影响了治疗，也加重了家属的负担。而有些老人因长久患病，几乎把医院当成了养老院，也加剧了医疗资源的紧张。因此，打破医疗服务与养老服务的分离，将传统模式下分离的医疗服务和养老服务紧密结合起来，就成了老年人及其家属的期盼。

第二节　医养结合模式的发展与探索

随着失能、失智的老年人口大幅增加，社会迫切需要提供医疗与养老相结合的服务。医养结合是我国不断探索的新型养老模式，是对传统养老服务概念的延伸和拓展。

一、医养结合的概念

自 20 世纪 90 年代中期以来，国际社会开始提倡以“持续照顾”为主的养老服务理念，即尽可能使老年人在稳定、熟悉的环境里得到持续的养老服务，减少因为护理程度变化导致更换养老场所的次数。日本、英国、瑞典等先后根据本国实际情况建立了各自的长期照护系统。我国的医养结合理论与实践也正是基于这个时代背景产生的。

“医养结合”的“医”指的是为老年人或者其他服务对象提供从健康管理、预防保健到治疗，再到康复护理与临终关怀等内容的医疗护理一体化服务，包括部分临床医疗和转诊的绿色通道服务；而“医养结合”的“养”指的是生活照护服务、心理服务甚至精神生活服务等生活的方方面面。

医养结合不是简单的治病和养老的加法，而是围绕服务对象的总体需求，统筹配置资源，有针对性地提供生活照料、健康管理、医疗护理以及对突发情况的应急处理，是以医疗健康服务为支撑的新型社会养老服务体系。

二、国外医养结合及服务机构状况

发达国家较早进入老龄化社会，各国根据本国国情陆续出台了应对人口老龄化的政策，力图实现医疗、卫生、社会服务等多种资源的整合，解决老年人养老的问题。

英国早在 20 世纪 30 年代就已经进入了老龄化社会。英国的医养结合没有单列出来，而是融合在全民的医疗体系里。全民福利型医疗体制模式与居家、社区和养老机构相结合，提供医疗服务和护理服务，以及远程护理、长期护理等延伸服务。英国的养老理念包含社区照顾和近十年来逐渐形成的整合照顾。整合照顾是指以被照护者为中心，将基本照护、社区照护和社会照护进行资源整合，实现各机构的联合，提供连续的、高质量的照护服务。

英国的养老服务机构建设重视医疗功能的配置，大多具有准医疗机构的特征，主要包括具有医疗服务的养老院、老年养护院、日间照护中心、老年护理公寓、专业失智照护机构和医养社区等，提供的养老和医护服务各有侧重。

20 世纪 60 年代，由于老年人口增加，以及需要照护的老年人长时间占用医院床位，美国开始实施《老年人法案》，通过了医疗照顾计划和医疗救助计划，但由于缺乏标准和监管，导致管理混乱。1992 年，美国重修《老年人法案》，规定实施长期照护监察员计划。美国的医养结合养老服务体系主要包括医疗照顾计划、医疗救助计划、长期照护保险和自付四种形式。其中，医疗照顾计划是联邦政府筹资的公共社会保险项目，主要用于支付65岁以上老年人的医疗费用；医疗救助计划是联邦政府和州政府共同出资的社会健康保险项目，是公共长期照护服务的重要组成部分，但是需要经过严格的审查，为低收入群体提供服务；长期照护保险属于商业性质的健康保险，自愿购买，但保费很高。美国各州的医养结合养老服务机构提供的服务内容有所不同，主要包括成人寄养照护、提供中等专业性的生活辅助设施、持续照护退休社区和护理院。

日本在20世纪70年代进入老龄化社会，医疗和照护需求持续扩大。老年人为了介护服务（日本把对老年人、残疾人的日常生活照料以及医疗、看护、康复方面的援助称为“介护”）长期入住医院，造成医疗资源的浪费，衍生了医疗财政危机。为此，日本从2000年开始实施“长期照护公共保险计划”，也就是《介护保险法》，以此将介护从医疗保险中分离出来，实行以居家照护为主、机构照护为辅的长期照护服务体系。

日本的医养结合养老设施包括可以使用介护保险的特别养护老人院和护理院，以及民间运营的收费老人院和带介护服务的老年人住宅，此外还有各市、町、村的供老年人居住的集体住宅。

三、我国医养结合的提出与发展

我国医养结合的提出与发展是镶嵌在中国的养老服务体系发展中越来越重要的组成部分。

1993年，民政部、国家计委等部门联合下发的《关于加快发展社区服务业的意见》（民福发〔1993〕11号）将养老服务项目纳入社区服务业范畴，第一次提出“养老服务”概念。

2005年，《国务院关于发布实施〈促进产业结构调整暂行规定〉的决定》（国发〔2005〕40号）第一次将“养老服务”视为服务业中的一个业态。

2006年，《国务院办公厅转发全国老龄委办公室和发展改革委等部门关于加快发展养老服务业意见的通知》（国办发〔2006〕6号）明确指出“养老服务业是为老年人提供生活照顾和护理服务，满足老年人特殊生活需求的服务行业”，界定了“养老服务业”的内涵和外延。

2008 年，全国民政工作会议提出建设“以居家为基础、社区为依托、机构为补充”的社会养老服务体系，第一次形成了“养老服务体系”的完整表述。

2013 年，《国务院关于加快发展养老服务业的若干意见》（国发〔2013〕35 号）第一次从国务院层面强调建立“居家为基础、社区为依托、机构为支撑的养老服务体系”，同时明确地将“积极推进医疗卫生与养老服务相结合”纳入未来养老服务业发展的主要任务。

2014 年，我国医养结合进入实质性发展阶段。根据国务院关于“卫生管理部门要支持有条件的养老机构设置医疗机构”的要求，国家卫生计生委发布了《养老机构医务室基本标准（试行）》和《养老机构护理站基本标准（试行）》（国卫办医发〔2014〕57 号）。

2015 年 11 月，国家卫生计生委发布了《关于推进医疗卫生与养老服务相结合指导意见的通知》（国办发〔2015〕84 号），这是国家层面关于医养结合的专门性指导文件，也为医养结合事业的发展指明了方向。通知提出，建立健全医疗卫生机构与养老机构合作机制，鼓励社会力量兴办医养结合机构，鼓励医疗卫生机构与养老服务结合发展。

2016 年 5 月，习近平总书记在中共中央政治局第三十二次集体学习时提出了“构建居家为基础、社区为依托、机构为补充、医养相结合的养老服务体系”，强化了医疗卫生服务对养老服务的支持作用。

2019 年 6 月，党中央、国务院印发《国家积极应对人口老龄化中长期规划》，将养老服务体系表述为“建设居家为基础、社区为依托、机构充分发展、医养有机结合的多层次养老服务体系”。

2019 年 10 月，党的十九届四中全会进一步将其丰富为“居家社区机构相协调，医养康养相结合的养老服务体系”。

四、我国医养结合机构的模式与探索

目前，我国的医养结合运行模式仍在探索之中，常见的有以下几种。

（一）医疗机构内设养老机构

这种模式即鼓励原有医疗卫生机构开展养老服务。这种模式的医疗资源较为充足，除了收住常规高龄、患病老人外，还收住需要全面护理的失能、半失能老人，并可以按老人的常见病进行功能区划分。但这种模式需要完善养老、护理所需的基础建设和器械装备，并加强对医务人员及专业护工的培训。这种模式面临的主要问题是公立医院通常限于场地，可能没有空间给老年人建立养老床位。另外，绩效政策很难对医务人员有激励作用。

（二）养老机构增设医疗机构或医疗服务资质

在这种模式下，养是主体，依托自己机构的医疗资源向养老社区提供医疗服务，实现医养结合。因为涉及服务资质的问题，一般是收购原来的医疗机构或将社区卫生服务人员纳入养老机构服务团队，增设以卫生护理为主、生活照料为辅的养老床位；还可以增设老年人健康咨询、应急就医等医疗服务，以保证机构内老年人得到及时的医疗救助，满足老年人不同的医疗护理需求。这种模式面临的主要问题是开设老年病医院、专科医院、护理医院、康复医院、护理站等基本标准不够完善，对人员、设施的规定缺少依据。

（三）养老机构与医疗机构联动

这种模式是指养老机构与周边的医疗卫生机构签订合作协议，建立双向转诊制度。医疗卫生机构为入驻养老机构的老年人提供健康管理、预约就诊、中医养生保健等服务，确保入住老年人得到及时有效的医疗服务，并定期派医护人员到养老机构巡诊。养老机构内设具备条件的医疗设施，可以作为医院收治老年人的后期康复护理场所，实现资源合理利用及有效衔接。但这种模式需要政府协调好医保的衔接问题。

（四）两院一体

这种模式是指医疗机构和养老机构在同一位置统筹规划、统一建设、同时运营。这样的模式可以保证养老部分拥有充分的医疗资源，同时不过度占用医院床位，便于同时拥有专业的医疗服务和护理服务，也便于建立真正的就诊绿色通道。这种模式也面临医保的衔接问题。

五、医养结合体发展仍需解决的问题

在整体上，受国情制约和传统观念的影响，依靠子女为老年人提供精神慰藉和日常看护等生活照料的家庭养老，仍然是我国最普遍的养老模式。随着社会的发展，养老模式也在向社会过渡，基本上形成了居家为基础、社区为依托、机构为支撑的养老体系框架，但目前这三种养老模式均各自独立。医养结合模式，尤其是医养结合机构的运营模式，仍然处于探索阶段。在探索过程中，我们不可避免地会遇到以下问题。

第一，在资金方面，国家养老财富的总体积累还不足以满足医养结合的潜在需求，老年人对于养老机构的支付能力不足。

第二，在服务内容方面，医养的服务边界还不太清晰，需要厘清养老照护和医疗护理的服务项目；接收的服务对象定位不明确，如高收入、身体健康的老年人占据了大量床位，而真正需要照料的失能老人却被排斥；民办养老机构接收失能老人，但是收费标准又过高。最重要的是，普通的养老机构无法为老年人提供高质量的医疗服务。

第三，在服务形式方面，医养结合的养老服务市场未细分，缺少机构之间平顺的转诊渠道；各类养老设施的职能界定不清。

第四，在管理制度方面，老年长期护理保险制度尚未普及，行业标准和法律制度不健全，养老护理评价标准不够完善，行业的监管机制也尚未健全。医养结合的服务部门之间存在“齐抓共管”或“多头管理”的问题。

第五，在行业人力方面，养老照护专业人员严重缺乏，社会认可度差，同时缺少高级管理人才和专业人才。

另外，医养结合的成本核算系统以及支付保障系统尚未建立，这也是大量失能老人长期占用医院床位的原因。不过，随着党中央和国务院的高度重视及大力推进，目前对于医养结合各层面的积极探索正在快速推进。

第三节　应时而生：山东健康集团医养结合体项目背景

济南高新东区医院（山东健康集团济南医院）暨颐养中心依托政府的重视和大力扶持，以及山东省医养健康产业整合重组平台独有的资源优势，不仅具备打造集团旗舰医疗项目的条件，也承担着打造医养结合的“齐鲁样板”的重任。

一、健康中国：国家层面的日益重视

关于促进健康老龄化，《“健康中国 2030”规划纲要》提到：推进老年医疗卫生服务体系建设，推动医疗卫生服务延伸至社区、家庭。健全医疗卫生机构与养老机构合作机制，支持养老机构开展医疗服务。推进中医药与养老融合发展，推动医养结合，为老年人提供治疗期住院、康复期护理、稳定期生活照料、安宁疗护一体化的健康和养老服务，促进慢性病全程防治管理服务同居家、社区、机构养老紧密结合。鼓励社会力量兴办医养结合机构。

二、健康山东：“医养结合示范省”的宏伟规划

山东是常住和户籍人口“双过亿”的大省，老龄化问题也日益凸显。同时，山东是全国唯一的医养结合示范创建省、国家健康医疗大数据中心建设试点省和“互联网 + 医疗健康”示范创建省。

2018 年，中共山东省委、省政府印发了《“健康山东 2030”规划纲要》（简称“《纲要》”），要求各地各部门结合实际贯彻落实。其中，《纲要》特别提到：“推进医养结合示范省建设。进一步健全老年医疗卫生服务体系，通过建立契约服务关系，开展定期体检、上门巡诊、家庭病床、社区护理等，为居家养老

的老年人提供治疗期住院、康复期护理、稳定期生活照料、安宁疗护一体化的健康和养老服务；通过开通就医绿色通道、与养老机构协议合作等多种形式，为入住机构老年人提供及时、便捷、高效的医疗服务。加强医疗保障体系建设，建立社会化的长期护理保险制度，鼓励商业保险为老年人长期护理提供保险产品和经办管理。加强老年健康基本公共卫生服务，提高老年健康管理水平，65岁及以上老年人健康管理率达到85%以上。发挥中医药（民族医药）特色，提供老年健康多元化服务。推动医养结合综合服务体建设，明确服务内容和项目清单，让失能失智老年人享受到机构生活照料和医疗照护服务。完善生活长期不能自理经济困难老年人护理补贴、80周岁以上低保老年人高龄津贴制度。以老年人多样化需求为导向，推动老年健康产业发展，打造'孝润齐鲁·安养山东'养老品牌。"

2018年，国务院批复山东省为全国首个新旧动能转换综合试验区。山东省确定了要壮大发展的五大新兴产业和提升发展的五大优势产业。其中，医养健康被列为五大新兴产业之一。2018年6月25日，山东省政府办公厅印发了《山东省医养健康产业发展规划（2018~2022年）》（简称"《规划》"）。该规划是全省新旧动能转换重大工程"十强"产业第一个印发实施的专项规划，也是山东省第一个大健康产业规划，对做优、做强、做大全省医养健康产业有着重要的战略引领作用。

《规划》明确，医养健康产业是以维持、修复和促进健康为目的，以医和养为核心特色的产品生产、服务提供和信息传播等相关产业的统称，涉及医疗、医药、养老、养生、体育、旅游、文化、食品等多个与健康紧密相关领域，是涵盖全产业链条、全地域范围，覆盖全体人群、全生命周期，相互交叉、相互渗透的综合性产业。

关于山东省医养健康产业的机遇，《规划》指出，健康中国战略深入实施、新旧动能转换重大工程持续推进、新一轮科技革命和产业变革加速到来、居民消费结构持续升级，必将进一步激发医养健康市场的需求。

《规划》中提到了发展目标："到2022年，全省医养健康产业增加值力争达到1.15万亿元，占地区生产总值的11.5%，成为我省国民经济的重要支柱产业，其中健康服务业增加值占比达到60%以上，基本形成覆盖全生命周期、特色鲜明、结构合理、具有较强国际竞争力的医养健康产业体系。产业竞争力、影响力、带动力全面提升，各类技术创新、模式创新、业态创新不断涌现，对新旧动能转换的支撑作用显著增强。我省成为全国医养健康产业发展高地，打造济南、青岛、烟台、淄博、临沂等一批医养健康产业千亿级城市。”

三、健康济南：医养产业千亿级城市的蓝图

《规划》还对山东各地医养健康产业发展做了空间布局，按照产业集聚、错位协同、均衡发展的原则，依托区位、交通和资源优势，强化核心引领、带状集聚、多点支撑，整体构筑“三核、三带、多点”的医养健康产业发展格局，辐射带动全省医养健康产业健康发展。其中的“三核”是指济南、青岛和烟台。对于济南的定位，是“依托大数据、医疗和科研优势，加快建设国际医学科学中心、国家健康医疗大数据北方中心，开展健康医疗大数据应用，促进医养健康产业高端化、专业化和智慧化发展，打造高端医养健康产业集群和创新创业孵化基地”。

《济南市医疗机构设置规划（2016~2020 年）》指出，目前济南市医疗资源布局不够均衡。一是城乡医疗卫生服务体系配置不够均衡，优质医疗资源主要集中在市区；二是城乡医疗机构卫生技术力量存在差异；三是医疗卫生资源布局与全市总体规划确定的“东拓、西进、南控、北跨、中优”的城市空间发展战略不相适应，优化调整不够及时。

在各级党委和政府的重视关心下，济南市社会福利事业有了较大的发展，对推动社会主义物质文明和精神文明建设发挥了积极的作用。但是，随着家庭结构的小型化，社会化养老的需求日益增长，机构养老、社区日托的人数将越来越多。从长远和全局利益出发，广泛动员和依靠社会力量，大力推进社会养老福利社会化的进程，加快社会养老福利事业的发展，不仅是适应现代化进程和建设社会主义新农村的客观要求，也是迅速缓解目前社会福利供需矛盾的有效手段，更是政府关心群众生活，进一步完善社会保障制度，促进社会稳定和进步的需要。

为了实现《规划》对济南的定位，均衡济南市医疗资源布局，完善济南市健康养老的服务功能，开创“医养结合”新型养老服务模式，济南高

新区社会事务部决定投资建设济南高新东区医院（山东健康集团济南医院）暨颐养中心项目。

四、使命担当：山东健康集团大力发展医养健康产业

山东颐养健康产业发展集团有限公司（简称“山东健康集团”）成立于2020年8月25日，是山东省委、省政府为大力发展健康事业而组建的省属一级企业，是山东省健康产业领军企业。

集团注册资本107亿元，资产规模超千亿元，围绕“健康”核心主业，坚持健康立企、实体兴业，构建起妇孕婴幼、青少年、中老年全生命周期健康产业体系，打造形成具有持续价值创造力的产业循环，产业遍布全国多个省份。集团大力倡导“健康至上、服务至诚”理念，坚持文化涵养、精神滋养、生命颐养、体育助养“四养并重”，全面布局妇孕婴幼、青少年、中老年全生命周期大健康产业链，聚力高质量引领、市场化举措、齐鲁式特色的健康产业发展之路，加快建设产品卓越、品牌卓著、创新领先、治理现代的世界一流健康产业集团。

集团医养资源丰富，拥有各类医院及医疗机构60余家，专业医护技术人员1.3万名，开放床位1.35万张，医疗器械感染控制系列产品种类和规模居全球首位，具备发展医养健康产业的资源优势及多产业协同发展的基础。

济南高新东区医院（山东健康集团济南医院）暨颐养中心项目位于山东省济南市历城区孙村街道科航路以北、春晖路以东地块。该项目于2020年11月正式启动建设，是济南高新区和山东健康集团贯彻落实山东省委、省政府“健康山东”战略的重大合作项目，是山东健康集团成立后落地的第一个综合类医养结合项目，是济南高新区的第一家区级医院。

项目分两期开发建设，目前一期已经建设完成。一期项目总投资10亿元，总建筑面积7.2万平方米，拥有医疗床位300张、健康颐养床位300张。二期医疗部分拟建设500张医疗床位，结合一期项目的建设条件和科室设置，进行部分科室的补充和规模扩充，将项目整体提升为拥有700张床位，达到三级综合医院的标准，建成以医疗为主，兼有教学、预防、保健和康复等重要任务的区域性医学中心。二期养老部分拟为颐养中心增建200张养老床位（其中部分床位可转换为医疗床位），结合一期的300张养老床位，建成具有500张养老

床位的济南市养老示范单位。

五、党建引领：党建工作引领在项目建设中的作用

本项目是山东健康集团的重点项目，承担着山东健康集团布局医养健康产业的重要历史使命。为了高质、高效、高标准地建好这一民生工程，集团党委立足实际，坚持以“高标准、严要求、规范化”的工作标准，将党建工作与中心工作同部署、同推动、同落实，在项目建设中快速设立党员先锋岗、党员突击队，带领党员、职工攻克难点，按推进节点争做表率。

时间紧、任务重、定位高，能否打赢这场硬仗，直接关系到山东健康集团的康养战略布局。而综合性医养项目的建设规格高、工艺流程复杂、特殊证照手续多、图纸深化压力大，为实现各项工作有序穿插，集团党委部署顶层设计、宏观指导，公司党支部班子成员带头住工地现场督战，各党员突击队负责人带领团队成员迎难而上、冲锋在前，科学论证出一套“小时制”作战图，将项目施工、室内外精装、设备采购、人员招聘等工作环环相扣，使数十家分包单位、近千名建设者、上万道工序无缝对接。同时，经过科学管理、强化内控，实现节约投资成本5000多万元；27个月的建设周期缩短至15个月，项目提前一年进入了运营期，这一方面节约了投资、减少了支出，另一方面提前投入了运营、增加了收益，“一正”“一反”创造了6000多万元的经济效益。

为了发挥党建引领作用，公司党支部设立了项目建设攻坚党员先锋岗、项目融资党员先锋岗、医养运营筹备党员先锋岗、医养人才搭建党员先锋岗和疫情防控党员先锋岗。

在项目建设过程中，公司党支部迅速部署任务，明确岗位责任和时间节点，仅有15人的项目团队彻夜商讨，提前完成建筑信息模型（BIM）管线模型深化，为现场施工保驾护航（见图1–1和图1–2）。施工方高标准应用高速液压夯、预铺反粘高分子防水卷材、BIM建模等前沿工艺技术，建设速度提升了60%。

因人工费、材料价格上浮等多重因素影响，项目总投资比最初立项时的概算增加了近一倍。相关党员干部紧盯各级审批单位，无数次往返，历时9个月，最终完成了概算调整，顺利完成融资，保障了项目的稳步推进。

公司坚持以服务客户为中心，秉持让医生看诊方便、让病患就诊舒心、让

长者入住贴心的信念，在党支部领导下，公司先后组织多次专家会议、设备论证会，多次与 51 个科室逐一对接，深入了解不同专业和科室的需求，历时 4 个月确定了项目二级流程，采购了 1000 余台专业设备，化解了诸多使用难题，真正把方便就医落实到细节。

公司紧跟医院筹备运营节奏，加快推进科室搭建和人才体系建设。在公司党支部的部署下，项目公司根据医院科室设置搭建要求，在项目签约后，立刻启动了人才体系建设工作，经过超前谋划，全面梳理、编制人员需求计划表，制订相应的培训计划。在项目施工建设的同时，分批次通过校园招聘、社会招聘、内部借用、对口支援等形式为医院发展储备了一批业务强、素质高的专业人才，经过系统全面的专业培训后，为项目的开诊运营提供了坚强的人才支撑。

在项目筹备运营开诊的关键时期，济南疫情骤然严峻。项目团队始终牢记国企担当，勇担社会责任，迅速成立疫情防控党员突击队，严格落实上级疫情防控部署要求，紧急抽调 192 名医护人员，全面接管有 676 张床位的济南高新东区方舱医院及 3 辆移动式核酸检测车，科学统筹配置人力和物力，采用小组作战模式，迅速构建“点、线、面”三维立体疫情防控工作体系，从 2022 年 3 月到 7 月，完成核酸检测 461418 人次，采集核酸 753786 人次，在济南市防疫工作中发挥了重要作用。

图 1-1　效果图一

东区医院颐养中心

图 1-2 效果图二

第二章

创新探索：与政府合作高标准医养结合项目的实践

医养结合产业是关系社会民生的基础公共服务，是政府相关部门的工作重点，也是社会资本回报社会、值得投入的长期发展事业。而对于医养结合产业而言，亟须模式上的创新与实践。

第一节　PPP 项目实践：联手政府，为民生谋福祉

近年来，随着济南市卫生事业的快速发展，医药卫生体制改革加快推进，城乡居民健康水平明显提高。同时，济南市社会福利事业在各级党委和政府的重视下，也得到了较大的发展。但是，随着家庭结构的小型化，社会养老的需求日益增长，机构养老的人数越来越多。济南高新东区医院（山东健康集团济南医院）暨颐养中心项目自规划起，便被定位为集医疗、养老、康复、保健于一体的大型综合体。

为了有效缓解济南市高新区财政压力，平滑公共财政支出，提高财政资金管理效率，济南高新区管委会决定采用政府和社会资本合作模式实施该项目，通过政府与社会资本合作，拓宽项目融资渠道，充分利用社会资本的投融资能力和运营管理经验，加快高新区管委会健康养老服务模式的建设进程。

一、PPP 模式

（一）PPP 概念

PPP 模式是指政府和社会资本合作提供公共设施和服务的模式。该理念在西方已有百年以上的历史。最初，人们采用特许经营权的方式建设运营一些经营性的基础设施和公用事业项目，如道路交通、医疗卫生、教育等。到了 20 世纪 80 年代，人们用 BOT（Build–Operate–Transfer，建设 – 运营 – 移交）一词概括性地表达特许经营权方式的主要内涵，使特许经营权方式的概念直白易懂。到了 20 世纪 90 年代，BOT 模式的应用范围扩展至准经营性和公益性项目，此时 BOT 已不能表达这一实践的全部内涵，因此“PPP”（政府和社会资本合

作）一词应运而生，用来概括公共部门与私营部门合作建设运营基础设施和公用事业项目的模式。

近年来，我国结合国情，把 PPP 模式中“私营部门”是营利性机构这一内涵“扩展”至包括营利性的国有企业，并提出中国特色的 PPP 模式——政府和社会资本合作模式。目前，我国已成为全球最大的 PPP 市场。

我国相关文件对于 PPP 模式有如下阐述：政府和社会资本合作模式是公共服务供给机制的重大创新，政府采取竞争性方式择优选择具有投资、运营管理能力的社会资本，双方按照平等协商原则订立合同，明确责权利关系，由社会资本提供公共服务，政府依据公共服务绩效评价结果向社会资本支付相应对价，保证社会资本获得合理收益。综合当下相关规范文件来看，我国 PPP 模式具备平等合作、利益共享、风险共担、物有所值以及全生命周期等特征。

（二）PPP 模式类型

从理论上分类，PPP 模式包括建设 - 运营 - 移交（BOT）、转让 - 运营 - 移交（TOT）、改扩建 - 运营 - 移交（ROT）、私人融资（PFI）、作业外包、委托运营（O & M）等运作方式。在我国现行立法下，PPP 模式有以下几种模式。

1. 委托运营（Operations & Maintenance，O & M）

O & M 是指政府将存量公共资产的运营维护职责委托给社会资本或项目公司，社会资本或项目公司不负责用户服务的政府和社会资本合作项目运作方式。政府保留资产所有权，只向社会资本或项目公司支付委托运营费。合同期限一般不超过 8 年。

2. 管理合同（Management Contract，MC）

MC 是指政府将存量公共资产的运营、维护及用户服务职责授权给社会资本或项目公司的项目运作方式。政府保留资产所有权，只向社会资本或项目公司支付管理费。管理合同通常作为转让 - 运营 - 移交的过渡方式。合同期限一般不超过 3 年。

3. 建设 - 运营 - 移交（Build-Operate-Transfer，BOT）

BOT 是指由社会资本或项目公司承担新建项目设计、融资、建造、运营、维护和用户服务职责，合同期满后项目资产及相关权利等移交给政府的项目运作方式。合同期限一般为 20~30 年。

4. 建设－拥有－运营（Build-Own-Operate，BOO）

BOO 由 BOT 方式演变而来，二者的区别主要是 BOO 方式下的社会资本或项目公司拥有项目所有权，但必须在合同中注明保证公益性的约束条款，一般不涉及项目期满移交。

5. 转让－运营－移交（Transfer-Operate-Transfer，TOT）

TOT 是指政府将存量资产所有权有偿转让给社会资本或项目公司，并由其负责运营、维护和用户服务，合同期满后资产及其所有权等移交给政府的项目运作方式。合同期限一般为 20~30 年。

6. 改扩建－运营－移交（Rehabilitate-Operate-Transfer，ROT）

ROT 是指政府在 TOT 模式的基础上，增加改扩建内容的项目运作方式。合同期限一般为 20~30 年。

二、本项目 BOT 模式框架

2020 年 7 月，山东健康集团通过竞标，成为济南高新东区医院（山东健康集团济南医院）暨颐养中心项目的社会资本方。政府方为济南高新区管委会及其相关主管部门或上级政府及相关部门。济南高新区管委会授权济南高新区管委会社会事务部作为项目实施机构（即甲方）签署合同。

政府方综合考虑本项目的项目投资收益水平、风险分配基本框架、融资需求等多种因素以及本项目所具有的特征，同时结合我国其他类似项目的 PPP 运作方式，确定本项目适合采用 PPP 模式中的 BOT 模式。

政府将本项目投融资、建设、运营、维护及移交等全部交给由政府方出资代表和社会资本组建的项目公司负责；本项目运营期内，项目公司有权根据其运营服务内容获取一定的运营收入；政府方对项目公司运维进行监管及考核，根据绩效考核结果，对项目公司进行可行性缺口补助；项目合作期结束后，项目公司将项目所有资产无偿移交给实施机构或高新区管委会指定的相关部门。

第二节 “四位一体”实践：高点定位，为集团树样板

济南高新东区医院（山东健康集团济南医院）暨颐养中心项目是济南高新区医疗卫生建设发展的重要组成部分，建成后能在很大程度上改变本地区级医院缺失的状况。同时，该项目是山东健康集团重组后落地的第一个医养综合性项目（见图 2–1）。通过该项目的建设、运营、维护，可以推进山东健康集团对养老服务模式的探索，为医养结合体的建设和运营积累大量实践经验，同时培养多个岗位的专业管理型和技术型人才，也为集团公司打造康养“齐鲁样板”提供经验支撑。因此，山东健康集团自项目决策时就确立了“四位一体”的高定位。

图 2–1 效果图三

一、“四位一体”，打造样板工程

“四位一体”指的是集团对于本项目的四个定位，即医院旗舰、颐养示范中心、产业联动实验基地和人才发展培训基地。

（一）医院旗舰：保障领先的医疗标准

医院旗舰定位是指在集团内部的医疗项目中，该项目在整体规模、规划设计、医疗理念、科室建设、设备仪器、医疗团队以及智能化等方面均为领先水平，在一定时期内具备典范效应。

集团内医院旗舰的定位重点体现在规模上：二期建成后将达到1000张医疗床位，形成以医疗为主，兼有教学、预防、保健康复、养老等功能的区域性医学中心；在人才队伍建设上，加大人才培养和结构调整，重点加强学科带头人、高层次拔尖人才选拔培养，按照三级医院标准，建立结构合理的人才梯队；在学科建设上，争创市级2~3个临床重点专科，发展为1~2所医学院校的教学医院或附属医院，医疗业务达到新水平，全面提升技术水平，拓展医疗服务特色；在科学管理上，围绕“建设区域医疗卫生中心龙头”的战略定位，以“示范型医院”建设为目标，打造新优势，提升核心竞争力，努力争创“三级医院”“全国百姓放心示范医院”“山东省医院文化建设先进单位”“省卫生系统先进单位”；在支持保障方面，围绕“互联网+”数字化医院建设，促进互联互通，打造移动医护、区域医疗协作、全民健康管理、服务协同等医院一体化信息平台，加快智慧医疗建设进程；在对外合作上，接轨省级医疗资源，与三甲医院、医生集团以及科研院所等优秀医疗资源建立合作关系，委托省内知名大型三甲综合医院协助运营，共同建立医疗科室、特色科室，并尝试与北上广深等一线城市中的国家级领先科室（如上海复旦大学附属妇产科医院、北京阜外医院心血管专业等）开展接口式、飞诊式的科室合作，打造山东省级三甲医院、山东健康集团、济南高新区的品牌效应。

（二）颐养示范中心：坚持提供刚需养老服务与差异化服务相结合

颐养示范中心定位是指在医养、康养结合的大健康发展趋势下，该项目通过引入日本元气集团先进的介护理念、服务标准、服务规范和管理标准，不仅要成为集团内颐养类项目可复制的样板，而且要成为济南区域内的示范性医养结合项目，甚至成为山东省范围内具有代表性的医养结合项目（见图 2–2）。

项目的示范性体现在先进的颐养理念、科学人性的硬件设施、专业的护理水平、以人为本的用心服务等方面，更体现在“医养结合”真正落地的创新性探索上。

图 2–2 效果图四

针对养老机构供给格局“哑铃形”资源错配现状，项目定位为提供真正符合大多数老年人的刚性需求、针对失能半失能老年人的养老服务机构，同时针对其他不同需求，提供差异化服务。

（三）产业联动实验基地：协同发展，增强竞争力

产业联动实验基地定位是指建成后，项目不仅可以成为集团作为山东省医养健康产业整合重组平台的资源展示，还可以交汇集团内部产业资源，促进集团产业结构的战略调整，形成合理的产业分工体系，实现集团内的产业优势互补和协同发展，达到优化集团产业结构、提升产业能级、增强集团产业竞争力的目的。

项目的联动能力体现在植入山东健康集团的妇孕婴幼、青少年、中老年全生命周期健康产业体系的深度上，也体现在融入集团具有持续价值创造力的产业循环中。

（四）人才发展培训基地：打造集团人才培育体系

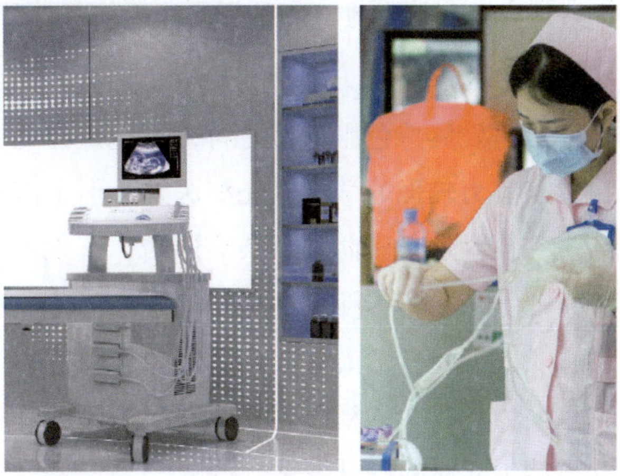

图 2-3 相关设备（左）及护理人才（右）

人才发展培训基地定位是指通过医院和颐养中心两大业务的建设和运营维护，实现医疗卫生和颐养事业人才的引进、培训提升和标准化，打造出专业队伍和成熟的培训体系。同时，通过项目的PPP模式建设、运营维护，培养一批精于政府合作项目运作的人才队伍。在相关行业人才紧缺的大背景下，为各领域专业搭建广阔的实操平台，为集团公司甚至行业提供各专业人才资源（见图 2-3）。

人才类型主要涉及医疗项目管理运营、颐养项目管理运营、医养结合理论与实践、医生护理、颐养照料、PPP 项目实操、工程建设等领域。

二、“六新思路”，保证宏图落地

要实现“四位一体”的高定位，需要清晰且具有可操作性的工作思路。项目公司在项目建设和运营过程中，以融入集团内外部市场“双循环”新发展格局为遵循，以落地“四位一体”为切入点，在工作中践行“六个新工作思路”。

（一）新的科室建设思路

1. 科室设置

科室建设以二、三级学科为基础。一期以二级学科（内、外、妇、儿、五官等）为主要框架，下设三级学科专业组（心血管、神经内科、骨科、普外科等）进行相关诊疗工作。二期建成后，将增设、扩设肿瘤科、放疗科、核医学科、高压氧（楼）、静配中心、（大）康复科、内镜中心、国医堂、营养膳食科、皮肤科、血液透析室大厅、健康管理中心、感染性疾病科、风湿免疫科、老年科、内外科（新增冠心病监护病房，即 CCU）、聚合酶链式反应（PCR）实验室、输血科、儿科门诊等，为建设山东健康集团旗帜医院打下坚实基础。

2. 发展战略

一是发展特色服务型专科，实施差异化发展战略。济南作为省会城市，具有多家实力较强的学科领先型医院，但也因病患量较大，导致普遍存在分级诊疗落实不科学、倾向疑难杂症诊治、基础疾病诊疗欠精细、诊疗服务链条冗长等问题。该项目将利用区域医疗发展现状，在服务质量层面和基础诊疗方向上，实施“人无我有，人有我优”的差异化错位竞争，即把内分泌科、泌尿科、骨科建设为学科中的精坚力量，并引进国内优质的心脑血管病专家团队，实现医疗高精尖学科的提升发展。

二是发挥医养结合优势，发展老年医学。济南高新东区医院（山东健康集团济南医院）暨颐养中心的医养结合规模在山东省范围内的特色优势明显，可将老年医学作为交汇点，发展治疗期住院、康复期护理、稳定期生活照料、安宁疗护一体化的健康和养老服务，带动医院整体学科的持续发展。

3. 硬件设施

以科室设置需求为依据，配备悬吊式双平台血管造影系统、顶级 3.0 T 场强的磁共振系统（见图 2-4a）、320 排超高端 CT 系统（见图 2-4b）等前沿医疗设备，置入串联互通的箱式、气动两个智慧物流传输系统（见图 2-4c）。二期建成后，投资更新、添置医教研仪器设备，使仪器设备与业务发展同步，与临床业务开展相适应。

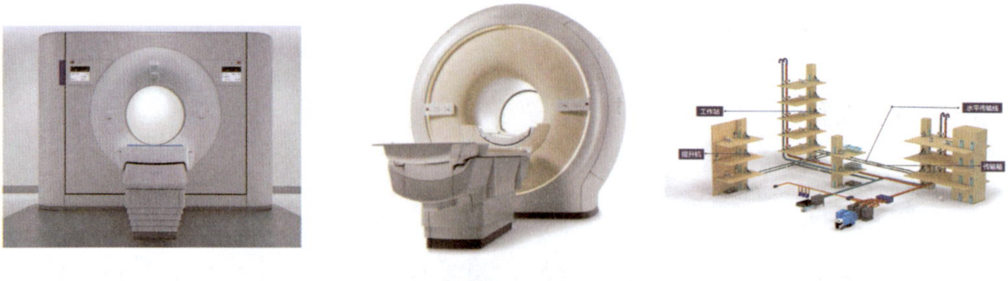

a. 顶级 3.0 T 场强的磁共振系统　b.320 排超高端 CT 系统　c. 智慧物流传输系统

图 2-4 相关硬件设施

（二）新的人文关怀服务品牌

在服务品牌建设上，遵循“以患者为中心”的服务宗旨，通过智能化、信息化建设及全方位接待能力提升，为患者提供从进院区至出院区全流程、便捷化的优质服务。

一期配备营养食堂以及“家庭式”餐厅包间，地面组团花园与空中花园相结合的主题式游园景观，让患者在全诊疗周期中享受“居家式”快捷服务。在为服务对象提供舒适诊疗体验的同时，有效解决目前医院普遍存在的停车难、排队久、挂号难等就诊难题，真真正正打造人文服务品牌。

（三）新的健康管理（体检）中心运营模式

医院综合楼二层为体检中心，以高端的体检设备、合理的功能划分为基础，以智慧化系统为支撑，以服务体验为核心，塑造全流程、一站式、个性化医疗体检服务。以健康管理（体检）中心为抓手，使客户直观体验济南高新东区医院（山东健康集团济南医院）暨颐养中心的业务及服务水平，营造口碑效应。

健康管理（体检）中心与国内顶尖医疗团队接轨，由专业医师精准解读体检报告。在开展体检业务的同时，可通过建立体检档案、随访健康情况、分析异常数据等途径，建立客户管理系统，积累储备潜在病源。同时，健康管理（体检）中心还是山东健康集团形象的展示窗口，将致力于做成特色体检标杆、极致服务标杆，展现集团的医疗水平、服务水平，带动项目的政治效益和社会经济效益同步提升。

（四）新的医养结合模式

院区单设颐养中心综合楼，双向把控服务对象的心理、身体需求，以“失智 + 日间照料”为切入点，提供“菜单式”“套餐式”的差异化服务项目。同时，在养老与医疗板块之间搭设“绿色通道”，患者不必办理出入院手续即可随时在养老、医疗板块之间无缝切换，为长者提供贴心、安心、家人放心的颐养健康服务。项目还将贯彻集团公司“婴、幼、妇、孕、青少年”全龄的康养理念，落实“大健康”发展布局。

（五）新的医教科研一体化建设模式

积极融入集团公司的“双 100”医疗专家团队战略，多位一体增强医疗团队实力，逐步建立“以医生为中心”的管理思路。持续吸收高素质医护人员加入人才队伍，定期选送医护人员赴北上广深知名医疗机构学习深造。

设置项目实验室，聚焦智能医疗，打造省级科创临床应用示范基地。还将尝试开设护工学校，凭借科研教学中心探索人才自育途径，为集团公司的各项目提供源源不断的护理型专业人才。

（六）新的管理运营发展理念

一是树立品牌意识：通过网络渠道与传统渠道双管齐下，社区推广与单位合作齐头并进，精耕细作，树立医院的品牌形象。

二是提升服务品质：兼顾“院墙”内外，将医疗服务范围延伸到周边社区，内外兼顾、支持互补，形成以服务为保障的良性生态圈。

三是构建医疗梯队：以合理的绩效分配及科研项目优势，增强团队的归属感、认同感，构建共同的价值观与核心文化，逐步建立起以忠诚度为保障的医疗梯队。

四是持续强化核心竞争力：建立学习型管理运营模式，专注于锻造“服务 + 医疗 + 科研”的核心竞争力，持续提升患者的就诊满意度。

第三章
政府合作：PPP 项目的前期运作实务

对于社会资本而言，与政府以 PPP 模式合作建设医养结合体类具有一定收益的基础设施和公共服务项目，有利于整合社会资源，盘活存量资本，拓展企业发展空间，提升企业增长动力。同时，由于项目在 PPP 模式框架下，建设和运营过程都需要根据 PPP 项目合同，遵守合同条款约定，接受项目实施机构监管，因此，与普通项目建设相比，PPP 项目建设流程既有共同性也有差异性。

第一节　项目背景：初步了解 PPP 项目

在由政府发起的 PPP 项目中，社会资本方并非从项目之初就介入。政府方在完成项目识别阶段工作之后，进入项目准备阶段。在完成本阶段管理架构组建和实施方案编制两个环节之后，开始本阶段第三个步骤——实施方案审核。

实施方案审核中的一项重要工作，即是由项目实施机构采用市场测试程序，向潜在社会资本征询参与意向。在政府发起的 PPP 项目运作中，这是社会资本方第一次接触到 PPP 项目，也是整个 PPP 项目的开端。

对于社会资本方来讲，全面了解在此之前政府在 PPP 项目前期所做的工作，对于是否响应政府 PPP 项目采购具有重要意义。PPP 项目工作如图 3-1 所示。

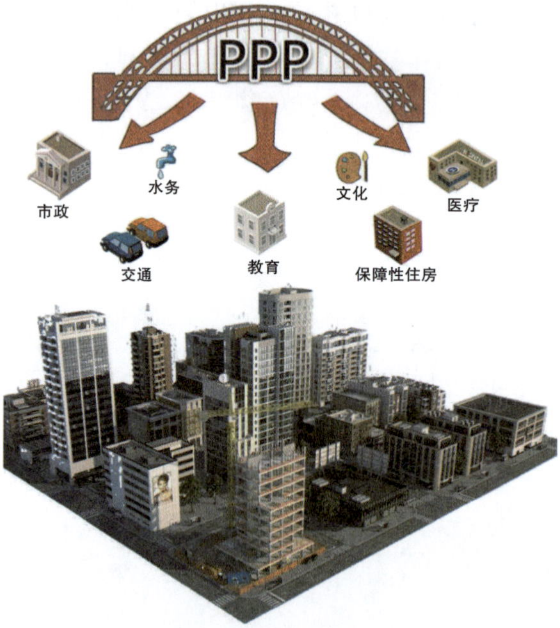

图 3-1 PPP 项目工作

一、PPP 项目识别

PPP 项目识别包括项目发起、项目筛选、物有所值评价和财政承受能力论证四个步骤。

PPP 项目可以由政府发起，也可以由社会资本发起，但在目前实践中以政府发起为主。财政部门或者 PPP 中心负责向交通、住建、环保、能源、教育、医疗、体育健身和文化设施等行业主管部门征集潜在 PPP 项目。行业主管部门可从国民经济和社会发展规划及行业专项规划的新建、改建项目或存量公共资产中遴选潜在项目。

项目筛选是由财政部门或 PPP 中心会同行业主管部门，对项目产出公共产品及服务进行需求分析，根据重要性和紧迫性将项目纳入当期、近期、中期和远期开发计划。

物有所值评价是由财政部门或 PPP 中心会同行业主管部门，利用第三方机构和专家力量，根据物有所值评价资料（主要包括初步实施方案、项目产出说明、风险识别和分配情况、存量公共资产的历史资料、新建或改扩建项目可行性研究报告、设计文件等）进行定性评价和定量评价。

财政承受能力论证是由财政部门或 PPP 中心会同行业主管部门，识别、测算项目各项财政支出责任，科学评估项目实施对当前及今后年度财政支出的影响，为 PPP 项目财政管理提供依据。

作为社会资本方，对于医养类 PPP 项目，以下方面值得关注：

（1）项目的建设是否符合国家产业政策。

（2）项目的建设是否符合国家相关规划。

（3）项目的建设是否符合所在省份、城市、区域的相关规划。

（4）项目所在区域医疗、养老发展情况以及同类项目情况。

（5）项目是否符合当地实际养老的发展方向。

二、PPP 项目准备

PPP 项目准备包括管理架构组建、实施方案编制、实施方案审核三个步骤。

管理架构组建指的是由地方政府组建专门的 PPP 项目领导小组作为 PPP

项目的领导和协调机构，负责项目评审、组织协调和检查督导等工作，实现简化审批流程、提高工作效率的目的。同时，地方政府或其指定政府职能部门、事业单位等组织机构可作为 PPP 项目实施机构，负责项目准备、采购、监管和移交工作。

实施方案编制是由项目实施机构聘请专业咨询顾问团队，协助对 PPP 项目进行尽职调查报告以及详细可行性研究工作，制订实施方案编制计划。实施方案编制内容包括实施方案编制背景及依据、项目概况、风险分配框架、运作方式选择、交易结构设计、合同体系、项目投入产出测算、监管架构、采购方式选择、项目进度计划安排。

实施方案审核是指由项目实施机构采用市场测试程序，向潜在社会资本征询参与意向，以判断市场资源是否可以支撑该项目的需求，检验项目准备阶段设定的交易结构和核心边界条件是否能够获得社会资本及融资机构的响应并确保一定的竞争程度。由项目实施机构聘请第三方专家对项目实施方案整体框架及方案核心内容的合法性与合理性做出外部专家确认，并根据项目实施方案编制提出专家意见。由财政部门或 PPP 中心对项目实施方案进行物有所值和财政承受能力验证。

第二节　项目初探：反馈市场测试

市场测试是在 PPP 项目正式采购程序之前，政府方检验有关项目的方案设想是否符合市场参与主体（如社会资本和融资机构的医院）的情况，借此获得各方反馈，对 PPP 项目进行进一步完善的方式。而对于社会资本方而言，这是初步了解项目的重要窗口。

政府在测试之前会准备市场测试文件，一般包括测试公告、项目简介、项目实施方案要点以及参与者反馈表等。

PPP 项目获取的四个渠道如下：

（1）通过市场测试方案获取。密切关注政府信息发布平台，及时获取政府发布的 PPP 项目市场测试方案。

（2）通过与政府部门沟通获取。加强与政府各级部门的沟通，特别是与主营业务息息相关的各部门，及时获取 PPP 项目信息。

（3）通过财政部 PPP 项目库公示信息获取。目前，所有 PPP 项目需要编制“两评一案”并通过专家评审后才能申请入库。入库前，财政部会在官方网站进行公示，密切关注财政部 PPP 项目公示信息可以获取全国范围内的 PPP 项目情况。

（4）政府向有潜在意向的社会资本方直接邀请参加测试。

对于市场测试以及其反馈，需要注意以下几点：

（1）对于 PPP 项目的参与要进行系统全面的可研分析。PPP 项目是国家鼓励社会资本参与公共配套设施建设、创新地方政府融资渠道的一项重要举措，始于 2014 年 9 月 23 日财政部发布的《关于推广运用政府和社会资本合作模式有关问题的通知》（财金〔2014〕76 号）。此后 PPP 项目大量涌现，PPP 模式被滥用，也出现了一大批烂尾项目。2017 年 11 月 10 日，财政部办公厅发布《关于规范政府和社会资本合作（PPP）综合信息平台项目库管理的通知》（财办金〔2017〕92 号），自此 PPP 项目进入规范发展阶段。

（2）市场测试并非正式采购程序的组成部分，不作为政府方的任何承诺。市场测试主要是对实施方案有关运作模式进行论证，测试提供的方案信息仍可能进一步修改，对各方均不具有约束力。

（3）无论潜在社会资本是否参加市场测试，在后续社会资本采购环节将得到同等的对待。

（4）若社会资本提供的反馈意见涉及商业机密内容，政府方可安排专门的沟通。

第三节　项目决策：可行性研究和资格预审

民生类 PPP 项目周期长，资金需求大，且由于其民生保障性质，不以盈利为主要目的。政府对此类项目给予政策性补贴，可以在一定程度上降低风险，但同时在建设和运营过程中，也会给予合同条款限制。所以作为社会资本方，对于是否参与 PPP 项目决策，对自身发展有着重大影响，需要由具有 PPP 项目操作经验的专业团队来执行。

一、可行性调研

对于 PPP 项目的决策，社会资本方除了内部讨论决策之外，也会邀请专业公司和相关领域的专家提供专业意见，一般而言，至少要考虑以下三个方面。

（一）是否具备相应资质和能力

无论采用何种采购方式，政府方对于社会资本方资质和能力都有一定要求。作为社会资本方，在决策时首先要确定己方资质是否符合要求，项目所属行业是否为自身适合与擅长的经营范围，自身是否具备足够的融资和建设运营能力。

（二）是否符合自身发展战略需要

不管是私营资本还是国有资本，社会资本方都有自身中长期战略规划，要根据政府方提供的资料，了解项目合作方式、合作期限、投资金额以及其他关键信息，确认参与该项目符合或有助于实现自身战略规划。

（三）测算经济方面的投资回报是否支持

经济效益虽然不是企业经营决策的唯一指标，但仍然是最重要的指标之一。社会资本方需要结合自身发展规划以及其他综合考量，确定对 PPP 项目经济回报的期待值，并通过合作方案下的测算，确定项目经济回报能否达到期待。

对于项目的经济可行性分析，重点有以下几个方面：

一是透彻研究项目回报机制。医养类项目回报机制多是可行性缺口补贴。

可行性缺口补贴 = 可用性付费 + 运营绩效付费 − 使用者付费

二是要对方案中的数据进行核实确认。例如，对建设总投资概算进行深入的分析核算，确认有无漏项，确认采用指标是否符合市场价格。虽然部分项目的总投资采用敞口方式计算，最终以政府按照 PPP 合同结算办法经审计确认的总投资为准，但是如果概算总投资偏低较多，会影响项目融资额度，进而造成建设期资金短缺问题，所以应对投资概算进行仔细核对，及时发现风险。

三是若是确认存在概算严重偏低情况，最优方案是在招投标前就通过与政府方协调，对项目实施方案进行调整。若无法在投标前完成，中标后应尽快推进调概工作，概算调整完成后再进行融资。

四是要对运营期各项运营成本及收入指标进行逐一核实，确认有无漏项、指标设定是否符合实际，如发现问题，处理方式参照投资概算调整方案。

五是在 PPP 框架下，充分认识社会资本方需要承担的风险，并分析制订风险防控措施。对于明显无法控制的风险，应与实施机构协商变更风险责任承担方，或是通过共同担当等方式降低风险。

二、参与 PPP 项目资格预审

PPP 项目进入项目采购阶段，主要环节包括社会资本方资格预审、项目实施机构进行采购文件编制、对社会资本方响应文件进行评审和谈判、合同签署。

资格预审是指由项目机构根据项目需要准备的资格预审文件发布预审公告，邀请社会资本和与其合作的金融机构参与资格评审，验证项目能否获得社会资本响应和市场充分竞争。

资格预审的主要流程包括：政府方发布资格预审公告→资格预审文件发售→社会资本方提交资格预审申请文件→评审小组评审。其中，资格预审文件发售时间不少于 5 个工作日，从发布资格预审公告到社会资本方提交资格预审申请文件截止日期不少于 15 个工作日。经 5 人以上评审小组评审后，如有 3 家以上社会资本方通过，评审报告提交财政部门备案；如通过的社会资本方不足3家，重新组织资格预审；如重新进行资格预审后合格社会资本方仍不足3家，变更采购方式。

从资格预审公告中，社会资本方可以获取项目授权主体、项目实施机构、项目名称、采购需求、对社会资本的资格要求、是否允许联合体参与采购活动等信息。政府方根据具体项目特点和采购需求，可以要求社会资本具备与建设和运营相关的资质，或者具有建设、运营同类项目的相关业绩等其他资格条件，以保障项目能凭借专业技术力量得以实施；同时，可在财务会计、专业技术能力、资金和重大违法记录等方面设置资格条件。

三、提交响应文件

通过资格预审的社会资本方，在收到政府采购文件后，应按照要求准备材料，在要求的时间内提交响应文件。

在通常情况下，采购文件包括：采购邀请，竞争者须知，竞争者应当提供的资格、资信以及业绩证明文件，采购方式，政府对项目实施机构的授权、实施方案的批复和项目相关审批文件，采购程序，响应文件编制要求，提交响应文件截止时间，开启时间及地点，保证金缴纳数额和形式，评审方法，评审标准，政府采购政策要求，PPP项目合同草案及其他法律文本，采购结果确认，谈判中项目合同可变的细节等。如针对政府付费项目或涉及政府可行性缺口补贴补助的项目，采购文件中还应当包括将政府付费或政府补贴纳入跨年度财政预算和中长期财政规划的相关文件。

参加竞争的社会资本方根据以上清单和要求，提交响应文件，政府方项目实施机构、采购代理机构成立的评审小组负责项目采购的评审工作。

提交响应文件过程中应注意以下几点：

（1）如社会资本方响应竞争比较激烈，应尽量详细提交社会资本方的相关资料，全面展示优势。

（2）在响应文件中，需展示对于项目的思考、分析以及清晰的运营思路。

第四节　合同签署与项目公司设立

PPP 项目采购评审结束后，项目实施机构会成立专门的采购结果确认谈判工作组，负责采购结果确认前的谈判和最终的采购结果确认工作。候选的社会资本方及与其合作的金融机构可就项目合作方式中的具体条款和政府方进行合同签署前的确认谈判。率先达成一致的候选社会资本即为预中标、成交社会资本。

PPP 项目合同作为项目合同体系的基础与核心，是政府和社会资本长期合作关系的纽带，内容涉及合作范围、合作期限、项目融资、项目建设、项目运营及维护、付费机制、项目移交、政府承诺与保证、争议解决等。在确认谈判中，仅能就项目合同中可变的细节问题进行谈判，不得涉及项目合同中不可谈判的核心条款或核心边界条件。

一、PPP 项目合同谈判要点

（一）PPP 项目合同签约主体

基于 PPP 项目的全生命周期、项目实际情况，参与 PPP 项目合同的主体可能涉及政府方、社会资本或项目公司、项目实施机构、融资方、承包商、运营商、材料设备供应商、保险公司等，但是作为 PPP 项目合同的签约主体，仅涉及两方：政府方项目实施机构与成交社会资本或者专门成立的项目公司。

（二）项目合作范围及合作期限

PPP 项目合作范围属于 PPP 项目合同的核心条款，主要明确 PPP 项目合作各方针对具体的 PPP 项目在哪些事项上即将开展合作或建立合作关系。项目的合作范围可包括设计、投融资、建设、运营、维护、移交中的一项或多项。

（三）项目融资条款

在PPP项目实践操作中，政府方一般要求由社会资本主导、项目公司负责项目融资。项目融资风险的控制对于PPP项目的成功运作非常重要。项目公司作为PPP项目的特殊目的公司，负责项目的具体执行，包括对外融资事项。在PPP项目实践中，多以项目公司完成融资交割作为合同生效的前提条件之一，并且以项目公司为主体对外融资时，其资产状况等财务指标会影响其主体信用评级，对于项目融资成本会产生直接影响。所以，PPP项目资产归属是PPP项目合同中涉及项目对外融资的重要条款之一。

项目除资本金以外的资金融资，是社会资本方在PPP项目中的重要义务。项目公司通过银行贷款等途径筹集项目建设所需资金时，甲方有权通过跟踪审计以及引入金融机构参与资金管理等手段和方式，加强对贷款资金和募集款项的监管，保证资金专款专用。

按照约定，项目公司一般在成立后60日内，按照融资方案提供相关融资合同。若未取得甲方批准，项目公司不得以项目名义进行融资活动。即使取得了甲方批准，甲方也不作为项目公司融资活动的担保人，且不为项目公司的融资活动承担任何风险和责任。

社会资本方一般对本项目的融资承担连带责任。项目公司在合同规定时限内不能完成融资的，乙方需通过股东担保、股东借款等方式，满足融资到位前的建设支出需求。

对于项目公司获得的融资资金（包括但不限于商业信贷资金、各级政府项目专项资金等），只能用于项目建设及运营维护，不得用于项目之外的其他用途。项目公司和乙方履行本合同的任何融资，均接受甲方的监督。乙方、项目公司进行融资时须提前10个工作日向甲方进行书面报告，甲方有权对乙方、项目公司的融资行为进行监督。

（四）项目的用地条款

对于基础设施和公共服务领域的PPP项目，项目用地是一个重大问题。在PPP项目合同中，项目用地条款通常涉及项目土地使用权的取得方式、用途以及取得费用等事项。

土地使用权的取得存在两种模式：由政府方负责提供土地使用权和由政府

方协助项目公司获得土地使用权。根据是否有偿取得项目用地，取得方式分为无偿划拨和有偿取得两种。

符合《划拨用地目录》（国土资源部第 9 号令）的 PPP 项目可通过划拨方式取得项目用地。根据《中华人民共和国土地管理法》第五十四条和《划拨用地目录》规定，城市基础设施用地，公益事业用地，国家重点扶持的能源、交通、水利等基础设施用地，可通过划拨方式取得，但应当经县级以上人民政府依法批准。

不符合《划拨用地目录》的 PPP 项目应当以招标、拍卖、挂牌、租赁以及作价出资或入股等有偿方式取得项目用地，具体方式取决于项目本身的特点以及项目所在地的土地管理实践。

PPP 项目合作范围内的土地使用权专门用于 PPP 项目的建设及运营等实施事项，不能从事其他任何的经营性活动。同时，如利用项目自身资产（包括设定土地使用权抵押等方式）融资的，在 PPP 项目合同中将包括土地使用权在内的项目资产抵押或者质押仅设定以本项目融资为目的的，需排除其他用途。

（五）项目的建设条款

项目设施的建设条款并非所有 PPP 项目合同的必备条款，但是对于新建类（BOT）或者改建类（ROT）的 PPP 项目，项目设施的建设条款则属于项目合同的核心条款。项目设施的建设包含两部分：项目设计和项目建设。

1. 项目设计

项目设计根据项目类型不同，可分为方案设计、初步设计和施工图设计。对于项目设计的责任主体，通常属于双方在 PPP 项目合同中的约定范畴。常见分工为：方案设计由项目发起人负责，初步设计和施工图设计由项目公司负责。同时，在 PPP 项目合同中亦对设计标准、设计文件的审查等相关设计条例作出了明确约定。

虽然在合同中，有“经双方一致同意，可对项目设计方案进行修改”这样的条款，但是由于方案设计已经写入“两评一案”，并作为 PPP 项目的基本资料收入了项目库，所以很多设计方案已经很难调整。

对于 PPP 项目而言，方案的修改是非常复杂和困难的工作。但由于政府 PPP 项目在立项时难以预见项目建设和运营的具体需求，因此方案调整往往也难以避免。当社会资本方不仅要承担建设，而且还要承担运维任务时，其自然会关注设计的合理性，于是在建设过程中，就面临着对方案调整的需求。

为了避免后期设计方案调整带来的复杂过程，甚至是无法调整，导致建设受阻或者运营使用不便，社会资本方在最初介入 PPP 项目时，需对设计方案做详细论证。对于不符合具体需求的设计，应在项目合同谈判中争取做好调整前置的工作。

2. 项目建设

项目公司负责 PPP 项目的具体实施，而项目建设为项目公司在项目执行阶段的重要合同义务，即由项目公司按照 PPP 项目合同约定的工期、质量标准等要求进行新建 PPP 项目的建设。

关于建设方面的合同条款比较多，会涉及项目监理、项目招投标、开工手续、项目施工、项目保修、建设期产出说明等。

关于项目监理，多由甲方选择具备相应资质的工程监理机构，由项目公司支付监理费用，计入本 PPP 项目总投资。监理机构须按照适用法律对工程质量、安全、进度、文明施工、务工人员工资发放以及签证变更等进行监理。项目实施机构有权予以监督。

关于项目招标，主要涉及项目前期工作、项目施工和一些专业工程。项目前期工作所涉及的相关方（包括但不限于监理方、工程咨询单位）均由项目实施机构按照有关规定和程序进行采购，费用由项目公司成立后凭合同及发票支付，相关费用可计入本 PPP 项目总投资。如果社会资本方具备相应的资质和能力，依法能够自行建设、生产或者提供本项目的施工，项目相应的施工可由社会资本方自行承担，不再招标（不符合相关法律法规的除外）。项目施工总承包商资质能力范围之外的专业工程，可以由项目实施机构招标，也可以由项目公司按照项目实施机构认可的专业承包商的资质条件等招标确定专业承包商。项目实施机构对整个招标过程进行监督。

关于开工手续，一般是由项目公司负责，如有需要，项目实施机构可以配合。

项目施工相关条款较多，主要涉及建设技术要求、工期要求、建设进度要求、项目建设管理团队、建设责任、建设变更、甲方对项目建设的监督、建设的放弃和甲方介入、竣工验收等内容。

在项目建设中，关于项目投资控制的条款非常重要。项目总投资是指项目建设所发生的、经有关部门审核确认的全部费用，包括建筑安装工程费、设备购置费、工程建设其他费用和建设期利息，即：

项目总投资＝建筑安装工程费＋设备购置费＋工程建设其他费用＋建设期利息

合同条款会要求乙方、项目公司严格控制工程造价，项目投资不能超概算。在工程建设过程中，乙方、项目公司对项目管理及投资控制按照中标文件约定，执行《建设工程造价咨询规范》（GB/T 51095—2015）的规定和标准，严格按照本项目经批准的可行性研究报告、初步设计文件及概算、施工图设计及预算、工程变更测算等文件控制工程造价，并接受甲方监督。不过，现实操作过程中会有客观因素导致实际发生的成本总会和最初的预算有偏差，如材料的涨价。在合同条款中，一般都会有详细的规定。比如，对于工期延误导致的材料涨价，是否能够调整预算要看具体责任。

（六）项目设施的运营与维护条款

项目公司是 PPP 项目运营、维护的责任主体，但是，项目公司基于自身管理能力以及运营可能需要的资质等因素考虑，往往会通过与运营商签署《委托运营维护协议》的方式，将项目的全部或者部分运营和维护事务委托给具备专业资质、管理经验丰富的运营商。需要强调的是，项目公司对政府负有的运营、维护责任不因对外委托给运营商而得以免除。

PPP 项目合同中应当明确运营维护的内容，即项目设施以及运维应达到的技术标准、环境标准、安全标准、产品（如有）标准和其他适用的质量标准，并作为 PPP 项目合同附件。

另外，项目开始运营是政府方和项目公司均非常关注的关键时间点，并在 PPP 项目合同中明确项目开始运营的条件、标志事件、逾期运营的后果、暂停服务等具体安排。

（七）项目付费机制

项目付费机制关系到项目的风险分配及收益回报，是PPP项目合同的核心条款。根据PPP项目的直接付费主体不同，项目付费机制分为政府付费机制、使用者付费机制、可行性缺口补助机制。

对于养老行业医养结合类项目，政府对项目公司进行可行性缺口补助，采用可行性缺口补助的回报机制，按照合同的约定，及时、足额地向项目公司支付财政补贴。

（八）项目的移交

项目移交通常是指在项目合作期限届满或者项目合同提前终止后，项目公司将全部项目设施及相关权益以合同约定的条件、范围和程序移交给政府或者政府指定的其他接收机构。

除了在PPP项目合同中约定移交情形、移交内容外，项目移交的标准也应当予以明确。通常，项目移交的标准包含权利和技术两方面标准。移交时，项目设施、土地及所涉及的任何资产不存在权利瑕疵，其上未设置任何担保及其他第三人的权利。项目设施应符合双方约定的技术、安全和环保标准，如对项目外观质量、系统功能、安全性能等进行要求，且不应存在任何环境问题或环境遗留问题。

在合同谈判过程中，要注意的事项如下：

（1）在PPP项目合同中，有部分条款是“不可谈判条款”。在决策前，应慎重对待“不可谈判条款”内容，判断是否可接受。在准备谈判时，因其“不可谈判”的特点，不必将此类条款作为谈判重点。

（2）由于PPP项目模式自身的复杂性，造成PPP合同谈判有以下几个特点：一是需要确定的内容和条款多；二是合同期限长；三是PPP项目合同体系实际是由PPP主合同、施工总承包合同、三方承继合同等一系列合同组成，对于主合同以外的合同签约前提也需要在PPP合同中进行约定。因此，PPP合同谈判注定是一个复杂而又周期长的过程。在此过程中，应组织专业的谈判团队，在充分研究透彻PPP项目模式，特别是深入研究实施方案的前提下，与政府相关部门深入交流，最大限度地规避风险、争取利益。

二、项目公司设立

项目公司即SPV公司（Special-Purpose-Vehicle），又称作“特殊目的公司”，是为实施 PPP 项目这一特殊目的而设立的公司，通常作为项目建设的实施者和运营者而存在。在 PPP 模式中，项目公司通常具体负责项目的设计、投融资、建设、运营维护与移交等工作。项目公司的设立完全遵循自愿设立的原则。在具体项目中，政府根据项目特点决定是否参股项目公司。

在实践中，社会资本作为 PPP 项目的实际投资人，通常不会直接作为 PPP 项目的经营者，而会专门就该项目成立项目公司。因为项目公司本身可以作为项目融资主体，吸引外部资本。项目公司的设立在一定程度上还能实现项目风险的隔离。

一般而言，政府指定机构共同设立或者参股项目公司的，政府在项目公司中的持有股权比例应当低于 50%，且不具有实际控制力及管理权。

项目公司注册时应明确和准备好以下材料：

办理目的：进行项目公司注册是营利性机构取得法人资格的必要途径，是后续业务开展的前置条件。

办理机构：政府相关审批服务部门。

办理依据：《中华人民共和国公司法》。

申请材料：《公司登记（备案）申请书》；股东会决议；公司章程；批准文件或者许可证件复印件；《住所（经营场所）承诺书》；法定代表人的任职证明（股东会决议，股东决定由股东签署，董事会决议由公司董事签字）；自然人股东身份证正、反两面电子图像；法人（非自然人）股东主体资格证明电子图像；法定代表人（负责人）身份证正、反两面电子图像；董事、经理身份证正、反两面电子图像；监事身份证正、反两面电子图像；联络员身份证正、反两面电子图像；委托代理人身份证正、反两面电子图像；监事会主席的任免职文件（监事会成员签署）；财务负责人身份证正、反两面电子图像。

办理程序如下：

（1）线上申报填写《公司登记（备案）申请书》，并上传相关附件。

（2）审批部门进行线上审核，根据审核结果反馈进行材料修改或准备正式提交。

（3）选择线上全流程进行电子签名，或线下提交材料进行材料签章。

（4）线上全流程办理，待办理状态变为“已办结”后，由委托代理人凭身份证原件领取营业执照。线下提交材料需将所有纸质材料打印签章后提交至窗口审核办理。

（5）领取纸质营业执照后，法人代表线上领取电子营业执照，凭领取证明、法人身份证照片刻制公章。

注意事项如下：

（1）公司名称需提前进行预核准，预核准证明要作为附件上传。

（2）多方股东需出具股东会决议，决议中需体现出资比例、对公司章程的认同、董事监事任命等。单一股东需出具股东决定，注明对公司章程的认同、董事监事任命。

第五节　PPP 项目调库流程与注意事项

依据《国家发展改革委关于依法依规加强PPP项目投资和建设管理的通知》（发改投资规〔2019〕1098号）、《财政部关于推进政府和社会资本合作规范发展的实施意见》（财金〔2019〕10号）等政策文件，如果PPP项目的立项信息发生变更，政府方实施机构可以申请对已入库项目进行“两评一案”变更程序，对原实施方案涉及的建设内容及投资金额对应内容进行相应调整。

一、调库的原因、内容以及引起的经济指标变化

在进行初步设计过程中，可能出现多种原因导致初步设计概算所形成的投资额与原批复的可研金额存在一定偏差，需要进行调整，如建筑规模的变化、设计深化以及人材机价格上涨等。

调库的内容可能会涉及以下几个方面：

（1）规模调整。随着设计的深化以及规划的改变，项目的规模可能会发生变化，需要进行相应的调整。

（2）投资调整。如果项目实际建设与实施方案编制的时间相隔较长，那么原材料和人力、材料和机械设备成本会有变化，因此影响总投资额。

（3）建设期和运营期调整。在项目整体合作期保持不变的情况下，实际建设期缩短或延长，会带来实际运营维护期相应延长或缩短。

经过概算调整后，可能引起的经济指标变化如下：

（1）核心运营指标发生变化。

（2）政府支出责任数额变动。

（3）物有所值量值变动。

二、调库环节应注意的事项

（一）利用有限资源，争取最大利益

项目公司应第一时间组织相关人员研读项目可研报告，逐条分析，对整个项目进行初步预算，发现项目漏项、人材机价格不匹配等问题，为调库奠定基础。

（二）统筹协调，专人负责

调库涉及省财政厅、行政审批服务中心、财政局（市、区两级）、财政投资推进中心、工程咨询院等多个政府部门、机构，应部署专门人员进行沟通、协调。

（三）建立咨询通道，充分利用社会资源

如项目公司对于 PPP 项目建设缺乏经验，应建立咨询通道，委托勘察单位、设计单位深化设计方案，核实工程建设相关数据，并按照要求进行初设及概算评审，结合调整后的初步设计文件、概算书及专家评审意见编制初步设计概算，与相关部门沟通对量、核价，为调概提供有效数据。

为加强内部人员学习，建议聘请第三方咨询单位讲解 PPP 项目风险，解读 PPP 合同条款，给予项目调库流程的专业指导，以及解答相关政府部门、机构提出的相关问题。

第六节　项目融资管理与资金保障

在 PPP 项目实践操作中，政府方一般要求社会资本主导、项目公司负责项目融资。项目融资风险的控制对于 PPP 项目的成功与否非常重要。为了防范项目实施风险，PPP 项目合同中往往会约定将项目公司完成融资交割作为合同生效的前提条件之一。如果未能在约定期间内完成融资交割且未被豁免，将影响 PPP 项目合同的正常履行。因此，项目融资管理工作关系到合同的真正生效与执行。

一、编制融资方案

PPP 项目公司在编制项目融资方案时，应当明确融资的核心框架条件。方案内容主要包括融资主体，即借款人、融资方，贷款总额、币种，借款用途、融资模式，借款期限、宽限期，借款利率，建设期担保、运营期担保，本金偿还方式、本金偿还周期，计付息方式，提款前提条件，融资其他内容，等等。其中，项目建设期和运营期的融资担保结构设计最为关键。

二、融资意向征询

融资方案的初步设计完成之后，项目公司即可以融资方案向潜在的融资方征询项目融资意向，并根据反馈不断完善融资方案。

三、融资谈判与融资交割

当候选融资方名单形成后，项目公司可开展融资谈判，形成融资协议。融资协议签署后，项目公司应着手落实各项融资担保条件，并根据融资协议约定，实现融资交割。

根据 PPP 合同要求，除项目资本金外的项目所需资金，由项目公司负责通过银行贷款等方式融资，财政部门和实施机构有权通过跟踪审计以及引入金融机构参与资金管理等手段和方式加强对贷款资金和募集款项的监管，保证资金专款专用。项目公司在规定时限内不能完成融资的，需通过社会资本方借款、担保等方式配合项目公司完成融资。

四、融资工作应注意的事项

（一）积极拓展融资渠道

项目公司可以邀请各金融机构参观工程现场，加深各融资机构对工程进度的把握，做到信息对称，同时可使融资机构对项目的认识更加直观，了解社会资本方实力，有利于争取融资资源。

（二）普遍关注，重点跟进，灵活把握工作进度

前期可与多家金融机构对接洽谈项目融资，制订融资方案，对贷款期限、贷款金额、贷款利率、抵押方式等进行多次沟通。经过比较后，对工作效率高、利率较低的金融机构进行重点跟进，及时交流信息，提供融资材料。

（三）融资信息及时反馈

盯紧融资过程中的每个环节，与各金融机构密切联系，第一时间掌握审批进度，促其把相关工作前置。由于融资审批过程复杂多变，除金融机构网点的审核外，还要经过多级部门的审核，针对每层审核提出的问题，要及时给出合理、翔实的解释。取得贷款批复后，可设一名财务人员专门负责在确定合作的金融机构现场办公，负责传送补充资料，有问题及时沟通、解决。

（四）准备资料全面、细致

提前取得放款资料清单且不限于清单资料，相关资料要尽量齐全，减少资料缺项，确保资料的完整性。

（五）高效的团队协作

在贷款审核过程中，工程建设部、规划实施部、综合部等部门需紧密配合，及时补充资料缺项，落实监理公司的开工令、工程整体进度、股东会决议，以及章程的股东签字、各项证件齐全等。

（六）加强学习，提高业务能力

在与各金融机构的对接与协调中，应不断认真学习相关贷款政策，根据 PPP 项目的独特性设计最优融资模式。

第七节　结算与决算

一、竣工结算

竣工结算发生在工程竣工验收阶段，是在建筑安装施工任务结束后，对其实际的工程造价进行核对与结清。结算是决算的组成部分，是决算的基础。

在项目开工前，设计院应提供完整的施工图，项目公司组织施工单位、监理单位等相关单位进行图纸会审及交底工作，避免施工过程中出现返工现象，并编制施工图预算，对成本进行精细管控。在 PPP 项目中，施工中不能随意出现设计变更和签证，若有需由政府主管部门同意后方可实施。工程竣工验收后进入结算阶段，施工单位应绘制竣工图，整理完整的结算资料并编制结算报告，报政府委托的审计单位根据 PPP 合同结算要求进行审核。

（一）资料的审核

目前的工程结算审计处于工程竣工阶段，除跟踪审计外大多属于事后审计，现场只有成型后的外观，所有隐蔽情况只能靠业主及施工方提供的资料来显示。业主应对提供的竣工结算资料的真实性、有效性、可靠性负责。结算审核应提供并审核的资料有：

（1）完整的施工图、竣工图。

（2）招标文件、招标答疑、补充文件。

（3）投标文件、施工合同和补充协议。

（4）图纸会审记录、施工组织设计、会议纪要。

（5）材料批价单。

（6）设计变更单、工程联系单及现场签证单。

（7）甲供材料明细表（若有）。

（8）其他与工程造价有关的所有资料。

（二）合同的审核

施工合同审核是工程结算审核的重要内容，也是降低工程成本、提高经济效益的有效途径。施工合同条款的字斟句酌对项目结算造价的增加与否起着关键作用。施工合同中约定了合同价款的模式(即总价包干与综合单价包干两种模式)、工程结算方式、工期要求、质量标准等。

对于合同为总价包干模式的工程，结算时要弄清包干的内容具体有哪些，是否都按合同约定全部完成。针对现场实际情况（尤其是装修部分），一定要到现场进行踏勘及实地测量与统计。对于未完成的项目一定要给予核减。

对于合同为综合单价包干模式的工程，工程量为据实结算。审核前一定要重新按合同约定的结算方式，根据相关规定与规则进行工程量计算，做到准备充分、心中有数。计算时切忌按图计算，一定要结合现场实际施工情况，做到有理有据。

对于施工合同中对工期与质量标准有约定的，按合同约定对工期与质量标准进行奖惩。

（三）招投标文件的审核

在工程招投标活动中，招标是一种要约邀请，中标就要响应要约邀请中的条件，满足要约邀请中的规定。招投标合同是最终结算时对造价是否增减的重要审核依据，尤其是招标文件中对工程量清单漏项以及措施费的报价方式的明确规定。审核时要重点关注工程量清单漏项是否调整增加、合同外增加费用是否要调整与其对应的措施费等。

（四）设计变更的审核

施工图是工程项目招标的依据和工程施工的基础，在施工过程中根据现场实际情况难免会发生变更。设计变更由原设计单位出具设计变更通知单和修改图纸，设计、校审人员签字并加盖公章，经建设单位审查签字同意的设计变更才算有效变更，否则不应列入结算。有些变更单是引起造价减少的项目，施工方在送审时不会主张且不会提供相关资料，所以设计变更单应由业主相关部门负责提供。

施工中，承包人不得对原工程设计进行变更，因承包人擅自变更设计发生的费用和由此导致发包人直接损失的，由承包人承担，延误的工期不予顺延，所以在审核变更单时，要留意变更的责任主体、变更原因，以及是否引起造价变化。

对于设计变更的价款计算方法，合同中一般会有约定。在审核过程中，一定要注意对于费率下浮或总价下浮的工程，在结算时要特别注意，变更或新增项目也应按此同等比例下浮后作为变更增加的造价（现场签证同样适用）。

设计变更会引起对已施工完成部分的拆除，拆除后的材料再利用以及残值处理也是重点审核的关键点。

（五）现场签证的审核

现场签证针对在施工过程中额外发生的一些事件，它反映了施工过程中的实际情况，但不一定都会引起造价的增加。审核过程中要注意签证单上签字单位是否齐全，签字人是否为施工合同中约定的各方负责人。

现场签证只能说明事实存在，但要分清是谁的责任引起的签证事项、是否要增加造价、该增加多少，对这些内容都要重点审核。

二、竣工决算

竣工决算是指在整个项目竣工后，建设单位对整个项目从筹建到竣工投产使用的实际花费所做的财务汇总。建设项目竣工决算是办理交付使用资产的依据，也是竣工验收报告的重要组成部分。

在 PPP 项目合同中，一般由项目公司按照《基本建设财务规则》（财政部令第 90 号)、《基本建设项目竣工财务决算管理暂行办法》(财建〔2016〕503 号)、《基本建设项目建设成本管理规定》（财建〔2016〕504 号）的要求编制项目财务决算。

项目工程竣工验收合格后 3 个月内，项目公司将本项目已发生的设备购置费、工程建设其他费等（除建安工程费以外的所有费用）按政府财务管理规定编制项目竣工决算报告，并将完整的决算资料报甲方初审，由甲方审计部门对项目竣工决算报告进行审核批复，其竣工决算值即为本项目总投资。

经审定的项目最终竣工决算值 = 经审定下浮后的建安工费结算造价 + 设备购置费 + 工程建设其他费用 + 建设期利息

在本项目实施过程中，公司聘请第三方咨询单位为该项目的决算审计单位出具决算报告，公司财务部、经营管理部及工程部等相关部门与其对接，提供相关资料及做好解释工作。

附件：决算提供资料清单

一、工程开工前期有关资料

（1）项目可行性研究报告及批准文件。

（2）概算或调整概算批准文件。

（3）其他相关资料。

二、工程结算复审所需资料

（1）所有施工合同、施工招投标资料。

（2）已完成施工结算送审资料（施工合同、签证单、竣工图纸、隐蔽资料、开工报告、几方盖章的验收资料、验收报告）。

（3）已完成施工结算审计报告及相关结算资料（施工合同、签证单、竣工图纸、隐蔽资料、开工报告、几方盖章的验收资料、定案表、验收报告）。

（4）各地区相关造价信息。

（5）当地定额及相关文件（如有）。

（6）施工结算电子版。

（7）材料平衡表、出入库单。

三、财务方面的有关资料

（1）财务决算报表、财务决算说明书（附电子版）。

（2）在建工程余额明细表（附电子版）。

（3）会计账簿、会计凭证。

（4）固定资产投资资金计划文件。

（5）概算执行情况对比表（附电子版）。

（6）设备、材料的出入库管理台账及现场交接验收资料。

（7）竣工决算日剩余材料、设备盘点表。

（8）所有合同原件及合同明细表（包括合同执行情况、支付情况）。

（9）竣工决算日银行对账单、各项往来款清单。

（10）法定中介机构审定的竣工结算汇总表及报告。

（11）项目建设财务管理及内部控制制度。

（12）管理当局声明书。

（13）其他相关资料。

四、项目管理方面的资料

（1）项目管理机构设置批准文件。

（2）项目建设基本情况表。

（3）集团及省公司集采文件。

（4）自行招标方面的资料（招标文件、投标书、评标过程文件及结果）。

（5）自行招标项目汇总表。

（6）项目管理中发生的重大事项及变更。

（7）其他项目管理方面的资料。

五、项目竣工验收的资料

（1）建设、设计、监理、施工出具的初验和终验报告。

（2）其他验收文件。

第八节　建设期转入运营期

关于 PPP 项目在建设期及进入运营期的程序性问题，对于实施机构和项目公司双方来说都非常重要，运营期的开始意味着 PPP 项目正式进入付费程序。目前针对 PPP 项目的相关政策中并未对项目进入运营期的界定作出明确规定，通常都是参照项目合同条款执行，如“建设工程竣工验收合格后进入运营期”等笼统的表述。

如果只是参照项目合同条款执行，那么 PPP 项目建设期结束后就立刻进入了运营期，但实际上很多项目并非如此，建设工程竣工且验收合格仅仅是达到可用性的最基本要求。大部分项目由建设期进入运营期并不是一个瞬时行为，中间存在一个“过渡期”，即根据合同约定，项目已经进入运营期，但实际上，项目未实质性进入运营状态，而是需要将在此之前的各项工作、各项状态做系统梳理，确保实施机构与项目公司各自的责任、权利和义务均已履行到位。只有完成了上述工作，PPP 项目才能真正意义上进入运营阶段。

一、前期准备工作

（一）竣工验收资料完备

项目公司应按照国家和行业的验收规范进行建设工程验收，项目公司应当在项目建设完成之日起 10 日内书面通知甲方参加验收。竣工验收标准为：项目建设完工后，项目公司应根据国家、省、市相关规定的内容和程序，办理验收手续，确保本项目工程竣工验收合格，符合可用性标准要求。

（二）政府出具验收报告，项目公司验收备案

当项目所有工程经项目公司、设计人、承包人和监理人等验收合格（验收报告合格）后，项目公司应在 7 个工作日内向甲方指定的政府部门书面提出验收申请并提交申请报告，甲方负责协调自然资源与规划建设管理、质量

监督、城市管理、安监、勘查、设计、监理等单位代表及相关专家组成竣工验收委员会，在收到验收申请报告之日起 15 个工作日内完成验收，并由政府相关部门出具验收报告。验收合格后，由项目公司报相关政府部门备案。如相关单项工程未达到本项目验收标准，项目公司应根据甲方及相关政府部门的意见进行限期整改，直至项目工程通过竣工验收。

项目公司应当在向甲方提交竣工验收报告时，同时向甲方出具质量保修书。质量保修书中应当明确工程的保修范围、保修期限和保修责任等。

二、运营期初期应关注问题

（一）上报竣工结算报审资料

项目公司应在约定完工日前实施和完成项目建设，并达到验收标准，按约定提供相关文件资料，及时组织提报工程结算报审资料。

（二）组织编制竣工决算报告，甲方审计并批复

项目公司按照《基本建设财务规则》(财政部令第 90 号)、《基本建设项目竣工财务决算管理暂行办法》(财建〔2016〕503 号)、《基本建设项目建设成本管理规定》(财建〔2016〕504 号)的要求编制项目财务决算。

项目工程竣工验收合格后 3 个月内，项目公司将本项目已发生的设备购置费、工程建设其他费用等（除建安工程费以外的所有费用）按政府财务管理规定编制项目竣工决算报告，并将完整的决算资料报甲方初审，由甲方审计部门对项目竣工决算报告进行审核批复，其竣工决算值即为本项目总投资。

三、建设期转入运营期的条件

项目合同要求项目统一达到下列标准，即视为具备运营条件：

（1）项目的建设竣工验收合格。

（2）项目运营所需的审批手续已经完成（包括项目相关的备案审批和竣工验收手续）。

（3）其他需要满足项目开始运营条件的测试和要求已经完成或具备。

（4）本项目整体竣工验收合格之后进入运营期。

（5）因甲方原因、第三方原因及不可抗力等非乙方原因，造成项目部分不能按期竣工或工程取消的，不影响乙方已竣工工程的，如期运营并获得政府财政补贴。

根据 PPP 项目合同约定，竣工验收合格的次日进入运营期，但进入运营期不意味着可以开始运营，还应完成各项运营所需的审批手续，如试运营、相关执照的获取等。

项目整体竣工验收之后，公司向实施机构递交转入运营期申请，并得到实施机构批准。

四、转入运营期

在满足转入运营期的条件后，向实施机构提出正式转入运营期的申请，实施机构验收通过后下发复函文件，以复函中明确的日期作为正式转入运营期的节点时间。

五、提交运营期履约保函，退还建设期履约保函

在项目进入运营期之日起 10 个工作日内，且在建设期履约保函退还之前，项目公司应向政府方出具符合要求的运维和移交维修履约保函，作为其履行项目运维和移交维修的各项义务的保证。

保函的有效期应当覆盖项目的运营期及合作期限届满后一年。在项目合作期限届满一年后，运维和移交维修保函予以解除。

第九节　获取政府可行性缺口补助

在 PPP 项目的运营年度，政府财政部门应委托审计机构对项目公司运营情况进行年度审计，形成年度审计报告，按照政府财政可行性缺口补助计算原则核定使用者付费及运营成本，核算应支付的政府财政可行性缺口补助。

在项目从建设期转入运营期之后，项目公司应及时进行准备工作，并督促政府将本年度的可行性缺口补助列入来年财政预算。例如，财政部门一般在每年 11 月列支下一年度预算，对于项目公司来说，应在这之前完成可行性缺口补助计算和申请工作。同时，项目公司应常态化组织好运营期绩效考核以获取全额补助。

第四章

建设实务：设计与建设施工要点

PPP 项目的建设是全生命周期最为关键的事项，事关项目的产出和成败，也是政府考核付费的重要基础和依据。但开工建设并不意味着项目就能顺利完成，尤其是按照事先设定的项目产出标准完成。现阶段，PPP 项目的问题多数集中发生在建设期，如有的发生在项目开工建设前，有的发生在工程建设过程中，能够从建设期顺利进入运营期并顺利获得政府付费或缺口补助的项目并非多数。

第一节　项目设计

项目设计是否合理，对建设过程和运营过程都有着深远的影响。为了保障项目建设的如期动工，前期手续的提前办理也要前置考虑。

一、项目设计介入

无论是医院还是颐养中心，其设计对于建设和运营都有着重要影响。所以，设计过程不能脱离建设和运营而单独进行。在理想状态下，项目的建设者和运营方在设计之初就应该介入，这是因为运营方是医院和颐养中心项目的真正“使用者”。医院和颐养中心建设的最终目标是要靠运营方来实现的。运营方对项目有清晰的定位和规划，应以此为根据对项目进行设计。

在 PPP 项目建设和运营中，运营方相对来说介入较晚。根据项目类型的不同，项目设计分为方案设计、初步设计和施工图设计。对于项目设计的责任主体，通常由双方在 PPP 项目合同内约定。最常见的分工是：方案设计由项目发起人负责，初步设计和施工图设计由项目公司负责。

PPP 项目流程要求政府方在确定社会资本方之前，就要有整体的方案设计，否则无法进行项目的论证、审批和入库。项目通过审批列入项目库后，进入采购流程，社会资本方如发现规划设计与建设和运营的实际需求不符，则会影响其是否参与项目的决策：如果不进行相应调整，建设和运营会受到影响；而如果需要变更设计方案和投资总额，则需要政府方实施机构申请对已入库项目进行“两评一案”变更程序，手续复杂且周期长。所以，对于社会资本方而言，在了解 PPP 项目时，需对“两评一案”等资料进行详细论证。

二、项目设计调整

一般而言，在PPP项目合同中会约定，在不降低建设标准和主要设计参数的原则下，项目公司出于加快建设速度、降低建设或维护成本、提高项目质量和环保标准等目的，可对项目设计方案提出修改申请，报经项目实施机构同意后方可实施。

第二节　前期手续办理要点

PPP项目的合规性手续包括两部分：一是PPP项目模式审批手续，二是新建PPP项目建设审批手续。

新建PPP项目建设审批手续包括项目建议书、可行性研究报告、立项批复、土地使用预审、建设用地许可、建设工程规划许可、建设工程施工许可，以及人防、环保、消防、交通、园林、市政、文物、通信、保密、教育、卫生、档案、劳动等部门的相关手续。

其中，前期的可行性研究报告、立项、规划选址、用地预审、环评、建设用地规划许可证等手续一般由政府方完成，项目合同签署、项目公司成立后，由项目公司完成建设工程规划许可证、施工许可证等各项手续办理。

为保证工期，社会资本方可深入研究相关政策，熟悉相关文件，在政策允许的范围内优化手续办理流程。例如，充分查阅相关政策文件，在施工许可证办理之前，找到质安监提前介入的依据；充分利用市重点工程、社会保障性工程的有利政策，保证施工的连续性。

一、土地收回及重新划拨

本部分工作需重点注意的是，勘测地界需要具有资质的测绘部门出具准确的测绘成果，并加盖审批会签章，方可进行土地收储的工作。期间要举行相关管理部门的土地收回及出让联席会，制订土地收回方案。

二、立项调整

由于PPP项目的特殊性，本项工作需根据调整后的概算确定概算金额，进行可研的调整，具体还包括原可研中的漏项等内容，可研的总投资需比概算高百万元以内（此项可研总投资相对准确）；根据总投资重新编制可研报告后，报行政审批发改部门审批（根据新规定，可进行异地审批），下发立项批文。新立项的项目还需根据能耗管理规定编制能评报告，经能耗管理部门专家审核通过后办理立项手续。

本项目是政府性财政投入建设的PPP项目，项目取得立项批文是在2018年，项目可研报告参照的是2017年的相关指标，参考的规划和指导意见也是2020年的规划方针。

本项目中可行性研究的依据如下：

（1）《中华人民共和国国民经济和社会发展第十三个五年规划纲要》。

（2）《全国医疗卫生服务体系规划纲要（2015~2020）》。

（3）《“健康中国2030”规划纲要》。

（4）《国务院关于促进健康服务业发展的若干意见》（国发〔2013〕40号）。

（5）《国务院办公厅关于城市公立医院综合改革试点的指导意见》（国发〔2015〕38号）。

（6）《山东省国民经济和社会发展第十三个五年规划纲要》。

（7）《山东省“十三五”深化医药卫生体制改革规划》。

（8）《济南市国民经济和社会发展第十三个五年规划纲要》。

（9）《济南市医疗卫生服务体系规划（2016~2020年）》。

（10）《济南市医疗机构设置规划（2016~2020年）》。

（11）《综合医院建设标准》（建标110—2008）。

（12）《大型医用设备配置与使用管理办法》。

（13）《建设项目经济评价方法与参数（第三版）》。

（14）国家有关法律、法规及产业政策。

（15）现行有关技术经济规范、标准和定额资料。

（16）建设单位提供的其他基础资料。

三、方案审查

方案审查又称“详细性规划方案审查”，是工程规划的重要阶段。此项工作完成后，规划部门会在工程总平面图上加盖规划审核通过章，同时核发工程规划审核意见，后期可根据此意见进行施工图审查和现场施工放点工作。

方案审查主要是对规划文本的审查，由规划局审批，重点审查内容为是否符合所在区域整体规划和本地块的规划条件，具体内容要符合相关的设计规范（包括日照、车位、床位比、消防动线、平立剖设计、外立面、平面布置）。本项内容要求准确，因后期规划核实主要参考的就是通过审查的规划盖章文本。在办理过程中，主要是规划审批部门依据国家和地方设计规范要求进行审核，不符合设计要求的地方需重新修改。对于医疗养老项目，审核的要点为床位比。整个审批过程分为批前公示和批后公示。规划文本审核通过后要进行批前公示，征求周边居民意见，让周边居民了解所建项目的规模和内容。

在一定批前公示期内，没接到周边居民的投诉视为同意建设该项目，下一步进行批后公示。批后公示是永久公示，一直到项目建成后方可拆除。审查通过后下发规划审查意见书和工程规划许可证。

四、施工许可证办理

现阶段施工许可资料审核主要集中在网上审查阶段，主要含质安监审核资料、土地证、立项文件、工程规划等内容，还需监理单位从其公司内部网络上提交监理信息。建设单位、施工单位信息网上申报。施工单位的农民工工资保证金账号和施工保险也是必查内容。

五、市重点项目审批

若要开展持续性施工建设，则项目必须为市重点项目（可以在冬季环保检查要求比较严的情况下适当进行施工）。重点项目是保障民生、保障市场正常运作和属于国家战略性产业的项目，同时要符合市区重污染天气的施工规范，并出具承诺书，上报发改部门审核，通过经管委会上报环保局审批。

六、环评、预评、控评

本部分工作在材料准备方面需注意：本年度放射诊疗设备防护性能检测报告及放射诊疗建设项目竣工验收合格证明文件需提前准备；放射诊疗设备防护性能检测报告由省级卫生计生行政部门认定的检测机构提供，需出具预评价报告及正式报告；预评价报告需要在正式办理放射诊疗许可前提交至审批部门，审批部门根据预评价报告出具预评价报告审核意见，正式办理时需一并提交；编制正式报告期间，检测机构需对现场放射防护情况进行检测，包括开展放射诊疗用房周边的放射控制、医护人员及受检者的放射防护装备配置、放射诊疗制度及操作规程上墙情况等；正式报告将作为出具放射诊疗建设项目竣工验收合格证明文件的参考材料；各地卫监所对于开展放射诊疗的医疗机构有制式的上墙材料，建议在专家勘验现场前联系卫监所提供制式材料并制作张贴。

在现场勘验时需注意：审批部门会组织专家对现场情况进行勘验，主要勘验项目与检测机构编制报告期间的检测事项基本一致；现场勘验时应确保有医护人员在岗，专家会对诊室布局、设备配置、人员业务能力、操作规范及科室规章归档情况等进行检查。

七、人防设置

人防工程的建设可以从整体上进行合理规划。以本项目为例，一期建设施工前，与人防办协调，将一期人防与二期人防合并，设置在二期地下。这些规划需要人防设计院提交人防设置方案后，经人防办审查后出具人防审查意见并提交承诺书，承诺二期建设人防，并在两年内开工建设。

八、正式开口设置

开口须经过规划方案设计审查后（经规划审批部门盖章的总平面图）方可

办理。本项目具体流程是经高新区园林办（园林绿化）、市政办（市政人行道和路缘石）、执法大队（路灯）审批确认开口位置，经三方机构出具施工设计和交通组织设计后，经交警部门审查完毕，下发允许开口的证明，后续再进行缴纳费用的流程。审批完成后，报权属执法大队备案。

九、水电气暖申请（含环网柜）

一般而言，多诺合一的承诺事项在施工建设期间，由各市政单位联系配合。本项内容为特定企业施工（电力要求相对宽松，可选择第三方单位进行施工，但电力费用相对较高）。各单位都有自己的设计院，要符合自身的设计规范，其他单位不得自行设计和施工，施工完成后自行验收。其中，自来水部分工作程序相对简单，费用也较低；暖气协调相对困难，施工过程中可以直接采用空调取暖和制冷。

《前期报建手续清单及办理方式》见附录。

第三节　施工计划与工期保障

项目工期保障是项目按计划投入运营的必要条件。前期施工计划的科学、合理制订，是工期保障的基础。以本项目为例，施工计划的制订可以从以下方面着手，以便科学、严谨地缩短工期。

一、从优秀团队获取经验，制订施工计划

在项目初期，总包单位按正常建设周期，排定了三年的工期计划，但出于两方面考虑，最终将一期建设工期压缩为一年，这样做：一是为了避免因建设期过长，原材料和人工费用继续涨价，导致预算超标；二是项目的建设期和运营期总计 30 年，减少一年建设期可增加一年运营期。

建设工期压缩之后，工期紧，任务重。为了确保项目能顺利完成，项目公司组织召开了项目建设推进会，邀请施工专家与总包单位一起分析工程特点、推演施工环节，为保质保量完成建设任务打好前战。

推进会邀请相关专家分享了其他大型医疗项目的施工经验和优秀做法，并根据当前项目实际，仔细分析、讲解从施工主线的施工面排班到各种材料、设备的订货、排产、进场，从大节点规划到小细节设计的工作重点、难点，深入分析影响工期的制约因素和解决办法，切实为项目建设画出定星盘、指南针，初步制订了 385 天的施工计划。

在初期排定的工期基础上，项目公司与总包单位继续优化工期。根据济南市全年天气情况、高考影响、二级响应等影响因素，最终把工期排定为 430 天（见图 4-1）。

公司从项目建设运营整体考虑，在施工计划工期的基础上，又增加了招标计划、运营人员招聘计划、设备采购计划、后期宣传计划等，排定出了一期项目推进总进度计划。

图 4-1 2021 年 3~8 月的工地变化

二、通过挂图作战、多线并进落实计划

项目开工后，项目公司工作人员与设计、施工、监理单位共同值守现场，随时沟通、解决问题，迅速构建起了健全的现场管理体系，高效开展疫情防控、安全生产、质量控制和进度管理。

一方面，公司倒排工期计划，制定了“小时制”作战图，同步推进规划设计、方案编制、现场施工、精装安装以及运营筹备等各项工作，实现了数十家分包单位、近千名建设者、上万道工序的无缝对接、密切协作。

另一方面，公司与施工单位建立起周例会和日调度制度，及时复盘各项工程节点，通过增加班组多线并进，增加钢筋加工、木工、塔吊等确保材料供应，以“5+2，白加黑”的劲头使每天、每个工序的工程量饱和。工作人员白天分区管控协调监理单位、施工单位统筹安排各专项工程平行施工，在有限的时间及空间内实现了多工种同时作业，并建立日检、周检和月检制度，在保证工期的前提下确保工程质量及现场安全文明建设；夜间召集施工单位，做到“横到边，竖到底”，不断优化每日工期计划，不漏过一个可施工工作面，不放过一个施工准备间歇。同时，项目有关人员自学医院建设项目相关规范及资料，在安全方面注重安全文化，提升本质安全，强化隐患排查，营造安全管理的高压态势，现场做到发现隐患后紧盯不放、立即整改。

三、通过优化设计、革新材料实现降成本、保工期

科学、合理地优化设计，使用新材料、新工艺，不仅能提高项目建设效率，更可规避质量风险，降低建设成本，缩短施工工期。筑健康公司在项目建设中，果断应用高速液压夯、预铺反粘高分子防水卷材（见图 4–2）、BIM 建模、叠合板（见图 4–3）、蒸压轻质混凝土（ALC）墙板等工艺技术，大大缩短了施工工期。

按照 PPP 项目建设政策，项目建设应采用装配式建筑。公司以施工设计为切入点，经过设计优化、专家论证（见图 4–4），征得了项目实施公司的同意，取消了项目的装配式建筑要求，采用装配式技术，在部分楼层使用叠合板，建筑隔墙采用 ALC 墙板，在有效降低建设成本的同时，大大缩短了施工工期。

图 4-2 防水卷材

图 4-3 叠合板安装

图 4-4 装配式专家论证会

在项目屋面找坡作业方面，原设计材料为珍珠岩材料，而该材料一旦遇水很难充分晾晒干燥，将对施工质量造成影响。在综合考量质量、成本、工期及施工条件等因素后，工程部提出将珍珠岩优化为发泡混凝土找坡。发泡混凝土相较于珍珠岩施工更加便捷，对天气条件要求更低，成本更低，也更符合项目实际。

地下室底板防水是较为重要的一项工程，一般会采用传统的苯乙烯－丁二烯嵌段共聚物（SBS）防水，但此种材料施工工序较多，施工要求较高，施工工艺相对复杂。防水卷材相较于 SBS 防水，在不改变项目原设计施工质量的前提下，优势明显。经过与施工单位的多次对接，最终达成了采用高分子自粘胶膜防水卷材的共识。变更后的防水施工简化了原本复杂的施工工艺，使防水施工周期缩短了至少 60%。同时，相较于 SBS 防水卷材，施工成本降低了近 40 万元，在建设过程中实现了“物有所值”。

四、全过程、多维度、立体化快速建设成果

本项目通过全过程、多维度、立体化快速建设管理体系，成功地将 27 个月的建设周期缩短至 15 个月，提前一年进入运营期，大幅降低了建设投资，获得了可观的经济效益。

除了经济效益，项目快速建成带来的社会效益更为卓著。济南高新东区医院（山东健康集团济南医院）是济南高新区目前唯一一家区级综合医院，该院的建成投运，均衡了济南市医疗资源配置，补足了高新区医疗资源匮乏短板，提升了区域医疗服务水平，改善了高新区医疗条件，增强了高新东区综合实力，促进了区域经济建设发展。

另外，医院的快速建成对济南高新东区应对新冠疫情起到了至关重要的作用。疫情防控期间，济南高新东区医院（山东健康集团济南医院）共完成核酸检测 43.76 万人次，支援各网点及方舱 260 余处，累计派出医护人员 122 人，共计采集核酸样本 33.05 万人次。

济南高新东区医院（山东健康集团济南医院）暨颐养中心建设标准及服务理念得到了周边居民的高度认可。在 2022 年 5 月投入运营之前，中心就已接到长者入住预约函件 20 余份，后期将有效缓解周边社区的养老服务压力。

第四节 医院及颐养中心施工建设要点

项目建设是项目公司在项目执行阶段的重要合同义务，即按照 PPP 项目合同约定的工期、质量标准等要求进行新建 PPP 项目的建设。医养结合体项目的施工既有和普通建筑的共同之处，也有一些特别要求，施工过程复杂，需要精细的统筹和灵活应变。

一、医院门诊楼施工要点

医院项目从基槽开挖一直到项目竣工的整个建设阶段，相对普通公共建筑要复杂得多。医疗项目对建筑空间的特殊需求、交通动线的特殊需要都与传统公共建筑不同。建筑内的空调系统、新风系统、消防系统、物流系统、气体系统、智能化系统的需求也影响着整体的建筑布局。医院物资仓储、医疗废物暂存等需求也是其他公共建筑所没有的，如在有限的建筑面积下不但要满足建筑设计规范的要求，还需要满足医院运营的便捷性、实用性等要求。本部分内容以济南高新东区医院（山东健康集团济南医院）为例，呈现医院建设施工的注意事项。

（一）施工图设计

本项目在设计之初，由于没有具体的运营单位，只能由设计院在满足所有设计规范的前提下完成建筑设计，特别是室内的科室布局及动线设计。建筑设计定稿后才能进行更加深入的结构设计。结构设计关乎主体结构施工进度，是对现场施工进度影响最大的专业。在建筑设计定稿后，结构设计必须在规定时间内完成设计任务。给排水、暖通、电气专业设计在主体结构施工过程中最大的影响因素是结构内的管线预埋及穿墙孔洞的预留，需要尽可能地减少对后期安装专业的影响。

五大专业设计工作基本完成后，就需要立即开始医疗专项设计、精装修设计、外幕墙设计、智能化设计、医用气体设计、外窗深化设计、景观设计等一系列专项设计工作。其中，幕墙设计首先要完成预埋件布置图的设计工作，在主体结构施工过程中将幕墙安装所需的预埋件埋置到位，避免后期影响幕墙施工质量。医疗专项设计及精装修设计是对建筑室内空间布局的二次深化设计，有很大可能进行空间布局调整，所以要在二次结构施工前完成设计工作。

本项目医院包含四栋单体建筑，共计55份专业图纸。每一份专业图纸都对其他专业设计有着不同程度的影响。除了要注意现在所施工的内容的图纸设计要求，还需要结合一些后期施工的设计文件，提前进行预留预埋。

因为医院项目安装工程极为复杂，涉及的各专业管线非常多，所以在安装工程大面积开始前，首先要运用BIM软件进行综合管道排布，每一条管道的尺寸及走向必须严格按照BIM设计要求施工，对于极个别复杂位置的管道排布还需要先进行样板施工。管道安装过程中需要注意预留抗震支架安装位置。抗震支架需经过有资质的公司进行深化设计后，由主体设计院确认无误后按图纸安装到位。

（二）基础施工

基础施工关键节点为垫层施工，尽一切可能提前施工垫层，可以为后续施工提供工作面。

垫层施工完成后，是基础筏板的防水工程。本项目当时从工期考虑选择了预铺反粘法施工的自粘胶膜防水卷材。此类卷材对垫层基层质量要求不高，理论上也可以不施工防水保护层，直接进行筏板钢筋的绑扎，但是在实际施工过程中，如果不施工防水保护层，则在筏板钢筋绑扎施工过程中对防水的破坏比较严重，有渗漏的风险。本项目所在的位置地下水位较深，基础底板防水渗漏风险较小，所以影响不大。如果是基础埋深较深、地下水位较高的地区和降雨量较大的地区，应谨慎使用此类防水卷材。

基础钢筋施工前，通过计算当时现有的图纸发现，基础配筋率非常高。设计院的本意是因结构上部的荷载无法确定，为保证基础的可靠性，只能尽可能地提高基础的稳定性，所以导致基础的配筋率非常高，有一定的优化空间。通过与设计院沟通后，设计院重新进行了基础钢筋的计算，在一定程度上优化了基础钢筋量，节约了投资，但在基础形式上因为工期及现场实际情况的原因没能进行优化。通过当时现有的设计文件，结合以往的施工经验来看，车库部分的基础可以不采用筏板基础。筏板基础钢筋混凝土的消耗量都很大，一般情况下只是单层车库的结构基础采用独立基础加防水板的形式，可节约造价和缩短工期。但当时现场实际情况是基坑开挖已基本成型，如果更换车库基础形式设计需重新计算并出图，对工期影响非常大，所以没有进行优化设计。

在钢筋施工过程中，基础筏板需要预留好筏板上部竖向结构的插筋，包括外墙、内墙、楼梯、集水坑、电梯井等的结构钢筋。这些结构钢筋的预留与建筑专业对空间尺寸的定位必须定稿。建筑专业定稿的前提又需要给排水、暖通、电梯等专业的配合才能确定。以上影响因素必须在筏板钢筋施工前确定，一旦出现结构错误，对后续施工影响非常大且难以更改。筏板钢筋施工过程中还需要注意为消防电梯坑预留一个集水坑，电梯坑与集水坑之间的管道一般需要预埋在筏板结构中。

筏板结构施工完成后，就要进行地下室侧墙结构及顶板结构的施工。侧墙结构施工过程中的重点是侧墙穿墙套管的预留，这需要给排水及暖通专业给出准确无误的定位数据才能够准确预留，而这些数据不但需要对楼内的给排水、暖通系统进行准确无误的设计，还需要考虑院区小市政整体管道的标高及走向。穿墙套管预留一旦出现偏差，后期必定需要重新用水钻开孔，而后开孔存在很大的渗漏风险，防水效果非常差。本项目没有人防工程，如果在人防区域内有人防工程，则对所有穿墙套管均有密闭防爆要求，不允许在结构上进行二次开孔。

地下室顶板结构施工过程中要注意与上层结构构件之间的位置关系，特别是自动扶梯及结构降板区域。一般自动扶梯起步是在一层，这样就需要在一层楼板上预留一个结构降板井坑。井坑的大小和位置与各层层高、扶梯角度、扶梯对齐方式、扶梯周围精装修的初步方案及预留尺寸等都有关联，在定位前还需要由专业的电梯厂家进行初步的深化设计，然后再与设计院建筑及结构专业对深化设计的定位及定位后承担荷载的构件是否满足要求进行再次确认。

地下室顶板施工时，还需要注意电梯井道的竖向垂直设置问题及非剪力墙结构电梯井道圈梁尺寸与位置的问题，这些需要专业的电梯厂家根据各自的电梯进行深化设计并在结构施工中预留好相应的钢筋，以方便后期二次结构的施工及电梯安装。特别是无机房电梯的安装，对结构要求更高。

整个地下结构施工过程中要注意混凝土浇筑的连续性及后期混凝土养护监督，防止混凝土结构开裂。任何防水材料都有法定的质保年限，最终的防水效果主要是靠混凝土结构的自防水来维持的。同时还需要重点检查后浇带位置止水钢板的施工质量，这对后期结构自防水效果有很大影响。

（三）正负零以上结构施工

正负零以上结构施工需尽快捋顺各工种之间的穿插施工，将各工种所有的工作内容分配到个人，尽快形成流水线式的作业，提高生产效率，加快工期。

（四）上部结构施工

上部结构施工相对来说是最简单快捷的工序，这部分可压缩的工期非常有限，每层的施工周期基本固定，但是如果工序安排不到位，很容易出现工期延误情况。在实践中，一是注意各工种之间的配合，二是注意原材料及半成品材料的供应问题。这段时间的产值完成会很高。

上部结构施工前，还需要确认外幕墙预埋图纸。外幕墙一般为干挂石材或者铝板，龙骨加面层材料自重较大，预埋件在主体施工阶段预埋好对保证幕墙整体质量至关重要。如果二次后置埋件，不但对构件的要求更高，质量风险也更大。

（五）主体结构施工

主体结构施工到一定层数后，需要穿插二次结构施工，一般是落地脚手架拆除后陆续开始二次结构施工。当施工电梯具备安装条件后，就可大面积开始进行二次结构施工。

（六）二次结构施工

二次结构施工前需要完成外窗图纸的深化设计，明确外窗洞口尺寸，以保证后期外窗的生产加工及安装准确无误。此外，还需要完成电梯深化设计，不同的电梯厂家对电梯井道圈梁的预留高度有不同的要求，所以在井道砌筑之前必须确认电梯深化图纸，避免影响后续电梯安装。

二次结构分为加气块墙体和 ALC 墙板。加气块墙体施工过程中需要注意构造柱、圈梁、过梁的施工质量，这部分关系到二次结构的牢固性和后期安装固定门窗或管道的稳定性。ALC 墙板在施工过程中需注意测量放线的准确性。墙板都是根据现场尺寸加工生产的，一旦安装偏差过大将影响整个墙体的质量。ALC 墙板竖向上为整板，所有预留的洞口都需要在板材上切割，施工难度大。各专业要提前沟通确认好所有安装需要预留的洞口，避免影响后期安装施工。洞口的预留界面划分也要明确，一般要求 350 毫米以上的洞口无论是 ALC 墙板还是砌块墙都需要二次结构来预留，砌块墙超过 350 毫米宽的洞口需要加设过梁。350 毫米以下的洞口由安装专业自己在墙体上开洞。后开洞口必须采用切割锯或钻头开动，严禁使用电镐等带有震动的工具开洞，因为震动会对墙体黏接砂浆造成影响，出现裂缝。

在主体结构施工过程中，落地架一旦拆除后就要马上进行肥槽的清理和车库侧墙的防水施工，肥槽越早回填，后期沉降的风险越小，另外室外土方作业受环保和天气的影响也比较大，所以回填越早越好。车库侧墙防水施工过程中一定要注意侧墙表面的清理工作。地下室外墙全部都是止水螺杆的一定要剔除干净，防止扎破防水层。还需要注意基础筏板与外墙交接位置的结构表面清理和两种防水材料搭接位置的处理，这些位置都容易出现质量问题。

此时施工防水中的后浇带一般还没有到规定的浇筑时间，需要对外墙后浇带采取预制混凝土板或者砖墙的形式维护起来，以便侧墙防水能施工。在维护前，一定要将侧墙后浇带漏浆的混凝土剔凿干净，把钢筋全部按照设计要求绑扎到位，一旦维护结构施工完成，后期将无法施工。

地下室侧墙防水渗漏一般都是后浇带位置及预留套管位置渗漏，这个时候的预留套管因为安装工程还未开始，所以在外墙防水的时候可以采取全部包裹的方式，防止回填后雨水从套管进入地下室。

地下室侧墙防水保护层尽量使用砖墙，后期肥槽回填土沉降的摩擦力非常大，很容易拉裂侧墙防水。砖墙保护层砌筑过程中随砌随填，肥槽回填早可以不用过分追求分层回填，肥槽回填土经过长时间的雨水浸润会出现沉降，雨水的沉降比分层夯实的效果要好，这样在室外施工的时候，回填土经过长时间自然沉降就可以避免后期大面积的沉降了。如果工期紧张，可以采用人工浇水的方法夯实肥槽回填土。

地下室模板拆除过程中，顶板后浇带位置两侧的支撑架一定不能拆除，这部分支架必须等到车库顶板后浇带浇筑完成一定时间、砼强度能承受自重荷载及其他可能的叠加荷载时才能拆除。顶板后浇带在浇筑前要尽早清理干净并采用木工材料进行有效封闭：一是防止垃圾进入后浇带，二是防止雨水从后浇带流入地下室，三是保证施工过程中车库人流物流通道的安全。

首层二次结构施工过程中可以选择一个具有代表性的部位提前施工，为装饰装修样板间施工提供作业面。

样板间施工的主要目的有两个：一是可以检验各安装专业管道排布是否合理，各个末端设备安装位置是否合适；二是有助于装修材料的选定，所有主材都在样板区域进行展示，可以为不同墙面选择不同样式的材料，通过实际效果展示来确认最终的材料样式。最后完成所有面层材料、五金洁具等材料的封样。

二次结构施工到一定程度后，就可以启动主体验收工作。为了加快工期，可以采用中间层一分为二的形式，分两次进行主体验收。第一次主体验收通过后，精装公司就可以进行基层施工了。

（七）精装修基层施工

精装公司前期主要是对墙面和地面的基层施工，如墙面石膏找平和地面垫层施工。施工过程中穿插着安装专业的墙体管线敷设及综合管线安装工作。

（八）外窗外幕墙施工

精装修工程大面积施工前，需要将外幕墙及外窗骨架安装完成，这样做有两个目的：一是解决临边作业防护安全的问题，二是解决外窗与内部空间交接处收口的问题。

外窗外幕墙施工前，首先要根据建筑专业图纸完成深化图纸的设计工作。图纸深化过程中需要注意建筑设计中关于外窗的消防和节能要求：一是消防救援窗的位置，二是自然排烟窗的位置，三是防火窗的位置及设计要求，四是防火隔离带的要求，五是外窗玻璃的要求，六是外窗型材的要求。相较于普通外窗，消防救援窗有面积要求及可破拆要求。

自然排烟窗主要设置在自然排烟的楼梯间及走道位置，对安装高度及排烟面积有要求。排烟窗一般安装高度较高，还需要增加机械开启或电动开启装置。

防火窗一般设置在避难间位置，一般为乙级防火窗。此项为消防验收关键项，必须按照规范要求设置。一般乙级防火窗为钢制窗，钢制窗与铝合金窗的搭接方式需注意。

防火隔离带主要设置在幕墙工程中，一般是上下层之间设置，高度不能低于规范要求。

外窗玻璃参数一般涉及节能要求。颐养中心为两玻一腔，门诊楼为三玻两腔。还需要注意玻璃之间需要填充的气体也有所不同。

根据节能规范要求，外窗型材规格也有所不同，型材的大小除了影响建设成本外，安装要素也有所不同。在定尺加工前，需充分考虑施工现场实际情况，避免出现安装问题。

幕墙与外窗相比更为复杂，特别是玻璃幕墙。玻璃幕墙是单个构件拼装而成的整体，想要满足消防要求更为困难，所以在前期深化设计时需要重点考虑消防救援窗、排烟窗、防火窗的位置、大小、材质，以及与普通幕墙之间的安装关系。一般外幕墙为铝合金骨架且分樘形式较为固定，为满足局部的消防窗口要求，就需要在一定程度上牺牲掉外立面的协调性及美观。

为满足消防救援窗及排烟窗的要求，局部需要加大分樘尺寸，改变外窗开启面积及方式，但改变开窗方式的同时还需要兼顾建筑安全设计规范中对外窗开启方式及开启角度的要求。

为满足防火窗的要求，防火窗位置的立柱需要更换为防火性能满足要求的钢制立框。玻璃也需要更换为防火窗专用的玻璃。

（九）室内装饰装修工程

室内装饰装修工程需要注意各工序穿插作业的顺序。装修层作为面层，是展示建筑效果的最后一道工序。首先是基层的施工，基层地面主要是细石混凝土找平层的施工，找平层在施工之前需要确认好所在楼层的建筑标高，根据门窗的安装高度确认好楼层正负零，根据正负零高度推导找平层厚度。找平层在施工过程中需注意有水房间的找坡坡度，特别是非贴砖地面的空间，如新风机房、水暖设备井等。这些房间都有地漏且面层不再贴地砖，所以找平层的坡度一定要准确，以免后期出现排水问题。

地面找平层在施工前需要与安装专业确认所有地面管线是否敷设完成，敷设高度是否影响地面找平层的施工，地面上预留的线盒是否安装到位并做好保护，防止出现地面施工完成后再进行开槽布管。

墙面基层主要是水泥砂浆抹灰层或石膏抹灰层，在施工过程中注意抹灰层平整度的控制、阴阳角的方正度以及不同墙体之间抗裂措施的施工质量。抹灰层质量关乎未来施工过程中墙面是否开裂，需重点关注。墙面基层在施工前需要各安装专业完成墙面点位的预留。墙面开槽布管是后期墙面开裂的主要原因，所以开槽位置需要单独采取加强措施防止开裂。医疗场所的墙面点位比普通公建要多得多，除了常规的开关插座外，还有医用气体、智能化设备等。这些点位的位置还需要与装修设计人员对接清楚，避免出现错位和遮挡。

顶面基层主要是吊顶龙骨的布置和安装。首先要确定吊顶的高度，吊顶高度根据不同楼层吊顶内管线的复杂程度不同也有所不同。吊顶高度虽是越高所呈现的效果越好，但也不能过分追求吊顶高度而忽略了未来吊顶内管线检修的空间。先期通过 BIM 排布管综虽在理论上解决了管道排布的问题，但往往在现场实际施工过程中还会存在偏差，特别是一些无压管道需要找坡的地方更容易出现问题。还有就是上下层管道之间的间隙如果过小，虽然在施工过程中能够通过，但是非常不利于后期管道维修，一旦管道出现问题则无法第一时间得到有效的解决。

吊顶龙骨安装还需要注意空调吊机的安装位置以及出风口、回风口的定位。空调吊机的吊挂位置及高度关乎冷凝水管道的找坡，出风口、回风口的位置关乎空调制冷采暖的效果，同时对吊顶龙骨及基层板的安装也有影响。对于病房层，可先拿出几个具有代表性的病房做成安装样板间，样板间完成后，所有涉及吊顶内隐蔽的专业全部到场进行确认，各交叉专业之间互无影响后再进行大面积的施工。

门诊楼吊顶主要分为两大类：一是石膏板吊顶，二是矿棉板吊顶。石膏板吊顶主副龙骨均为轻钢龙骨，龙骨的排布尺寸灵活可调。矿棉板吊顶主龙骨为轻钢龙骨，副龙骨是矿棉板专用的“T”形龙骨，门诊楼大部分矿棉板吊顶为提高装修效果，采用的是暗藏式“T”形龙骨，矿棉板短边凹槽直接卡在龙骨上，吊顶完成后看不到副龙骨。这种吊顶方法的优点是造价低，施工简单；缺点是矿棉板本身自重大、强度低，在反复拆卸过程中很容易造成污染及破坏。

吊顶施工过程中需要与安装专业穿插作业的情况非常多，每一道工序在施工前都需要与相关专业确认施工内容是否全部完成，然后才能进行下一道工序的施工。在吊顶吊筋施工前，需要与各安装专业确认吊顶内主要管线是否全部安装到位，避免吊筋位置占用管线位置。

吊顶龙骨安装前，需要与安装单位确认吊顶内空调吊机等设备是否安装完成、风口是否预留到位、所有管线是否吊装完成、管线保温是否全部完成等，防止龙骨安装完成后再进入吊顶内施工导致龙骨受到破坏。吊顶龙骨在安装过程中需要避开风口位置，以免影响后期风口安装。安装专业需向装修公司提供完成的风口尺寸数据，保证风口预留尺寸满足安装要求。

装修面层施工前要与其他专业确认好施工进度计划，面层施工过程中涉及一些末端设备的安装，为减少交叉施工对工期的影响，其他专业需提前准备好材料及工人，在面层施工过程中按照装修公司的安排进行末端设备的安装。

吊顶面层施工前需要与安装专业确认有压管道打压是否完成，是否还存在渗漏点没有完成维修，检修阀门是否安装到位；无压管道坡度是否正确，排水情况是否良好，有无渗漏点；防排烟管道风阀是否调试完成，吊顶内联动装置是否安装完成；吊顶内空调室内机是否安装并调试完成，风口软连接是否安装完成；吊顶内强弱电线路是否通畅等。吊顶面层一旦安装完成，就无法再进行大面积的整改和维修，所以一定要在吊顶之前确认好。吊顶面层在施工过程中要根据安装专业提出的风口尺寸及位置预留好孔洞，还需要根据安装专业检修需求留好检修口。

墙面面层施工前需要确认室内湿作业全部完成，防止墙面受到污染。门诊楼墙面主要为各类成品护墙板和涂料两种。成品板材类墙面需要提前量好尺寸，下单到工厂生产，现场根据下单图纸做好基层龙骨的安装工作，待墙板进场后安装到位。安装过程中需要注意墙面上布置的吊挂设备，如设备重量大，需采取局部加强措施以保证后期设备安装不受影响。成品墙板在安装时还需要注意墙面设备（主要为智能化设备及消防设备）安装洞口的预留大小及位置，洞口尺寸及位置需要提前与安装单位确认无误后再进行预留。

门诊楼地面面层主要为地胶地面和石材瓷砖地面。地胶地面对找平层的平整度要求高，在地胶铺贴前只有一层 1~2 毫米厚的自流平层。在施工前一定要将地面清理干净，局部不平整的地面要用打磨机打磨干净，灰尘用吸尘器全部清理干净，防止找平层起皮开裂，影响地胶铺贴。本项目门诊楼地胶铺贴时正值冬季，气温低，地胶受温度影响失去柔韧性，在铺贴前需要升温加热软化。铺贴时注意，涂胶要饱满，空气排除要彻底，防止后期起鼓。瓷砖和石材地面在铺贴前要预留好门洞口位置的尺寸。有水房间在瓷砖铺贴前一定要做好闭水试验，确保防水层不渗水、不漏水。铺贴过程中注意对防水层的保护。有水房间地面找坡坡度要合理，地漏在瓷砖铺贴时一并安装到位。铺贴完成后检查排水是否通畅，地漏下水是否及时。

公共区域大面积的瓷砖及石材地面在铺贴前要做好排版，特别是伸缩缝留置的位置。本项目地面铺贴是在冬季施工，温度较低，伸缩缝的留置就更为重要。伸缩缝的位置布置要结合主楼、裙楼结构伸缩缝的位置合理布置，防止因为楼体不均匀沉降及热胀冷缩出现地面起鼓开裂。

（十）特殊医技科室及净化

医院与其他公共建筑最大的区别就是它的特殊医技科室及净化需求。首先做好净化区域及特殊科室与普通区域的界面划分，明确区域范围，还需要与医疗专业人员对接建筑布局及动线设计，确定各功能分区及动线是否满足后期运营使用要求。根据需求做好各科室的专业深化设计工作。在设计过程中，在满足规范的条件下，要尽可能满足运营需求。在有净化需求的区域内，因存在净化空调系统，故还需要注意净化空调的管路与大楼系统管路的对接及排布。注意手术室楼层与机房层的位置关系与层高，位置必须是临近楼层，以方便净化空调管道进出。层高尽量做高，给净化管道及设备安装留出足够空间。放射科防辐射设计必须经过专业人员审核，保证防辐射设计符合规范要求。放射科的空间布局还需要与各专业设备厂家沟通，深化图纸由厂家出具，以免影响设备安装及使用。

二、颐养中心施工要点

颐养中心总建筑面积21066平方米，其中地上建筑面积12677平方米，地下建筑面积8389平方米；2021年2月14日破土动工，历经138天的施工建设，2021年7月2日主体结构封顶。随后各安装单位、精装单位进场，颐养中心全面进入以精装为主线，安装、二次结构为支线的施工阶段，并于2021年10月31日达到交付标准，总历时249天。

（一）各环节施工要点

1. 施工图纸设计

（1）颐养中心遵循适老化设计，定位收纳失能、半失能以及部分活力老人就诊康复。根据以上要求划分病房区，主楼病房区为失能半失能老人诊疗区，裙楼二层与一层顶平台区域打造为舒适活力老人休闲养生区。其中，设计部分搭配独立套间的病房，满足不同需求人群使用。项目按照分阶段设计满足施工要求的方式组织，主要节点如表4–1所示。

表4–1 各专业施工图设计出图计划表

内容	时间
正负零以下机动车坡道、非机动车坡道、通往二期预留通道、楼梯等部位的结构图	3月26日
正负零以下全专业图纸/1~3层主体结构图纸	4月5日
颐养中心和门诊综合楼建筑、结构、强弱电、给排水、暖通五大专业图纸设计工作	4月23日
医用气体图纸设计	5月13日
精装效果图设计	6月1日
智能化图纸	6月4日
装配式建筑调整及深化设计	5月10日
门诊楼、颐养中心的外窗、幕墙深化设计	6月15日
精装修施工图	7月18日

（2）为保证2021年农历春节后土方工程正常施工，2月10日组织山东省设计院、监理单位、总包单位及多名专家召开深基坑支护设计方案专家论证会。

（3）在施工图纸设计阶段，根据施工计划，协调设计院明确出图时间节点，保证现场施工顺利推进。

2. 基础施工

（1）基础施工对于工程有着至关重要的影响。为保证工期，土方采用内倒的形式，昼夜施工，大量使用大型机械，采用边施工边喷坡的方式，基坑一次成型（见图4–5、图4–6）。施工时注重环保，土方作业采用湿法作业，洒水车定时洒水，裸土及时进行覆盖，避免扬尘。

（2）地基处理将工期长、噪声大的强夯方式改为移动灵活、噪声小的液压夯方式，同时优化地基承载力实验时间（见图4–7、图4–8）。

（3）将砖模、丙纶地基防水处理形式改为铺贴高聚物自粘性胶膜防水（见图4–9）。

图4–5 基坑开挖（白天）

图4–6 基坑开挖（夜间）

图4–7 地基处理

图4–8 承载力实验

图4–9 地基防水施工

（4）优化施工方案，根据后浇带划分区域，将基础工程分为5个单元，分3个施工区域合理保证人力资源不浪费，并优先保证主楼区域（见图4-10中A、B、C块区）。

（5）合理计算塔吊用量，搭配汽车吊完成钢筋配送。白天进行钢筋绑扎，夜间进行钢筋加工，保证第二天有充足的施工时间和钢筋使用量。

图4-10 基础工程划分

3. 主体施工

（1）为保证工期，摒弃基础施工期间的模板周转，主楼及裙楼重新购置模板并制订周密赶工措施。在保证安全的前提下，办理夜间施工许可证进行夜间施工（见图4-11、图4-12）。

（2）根据层高要求，采用承插式脚手架和销式柱模加固，极大地缩短了模板搭设时间（见图4-13）。

图4-11 混凝土浇筑（夜间）

图4-12 钢筋加工（夜间）

图4-13 销式柱模加固

（3）依据装配率要求底限，协调设计院仅将部分楼板改为叠合板施工（见图 4–14）。

（4）为保证工期，建立班组间竞争体制，同时多方联系后备施工力量，针对能力较弱的施工班组，部分楼层要求各单位调整人员配置，必要时增加人员数量或果断更换施工队伍。

（5）提前确定后期安装工程设备排产时间及人员进场施工时间，并在其进场后制订详细、合理的施工计划。

4. 招标阶段

针对往期配合较好、实力较强的安装单位，要求施工单位采取邀请招标的方式进行招标，极大地降低了招投标对工期的影响。

5. 二次结构施工

（1）选用 ALC 墙体（见图 4–15）形式替代原加气混凝土砌块砌筑方式，节省了大量植筋、圈梁施工时间，特别是异形卫生间墙体的施工时间得到了极大缩短。

图 4–14　楼板支模完成

图 4–15　ALC 墙体

（2）赶抢工期，引入竞争机制及奖惩机制，分层增加施工班组，同步施工 ALC 墙体。

（3）严格控制砌体质量，保证预留洞口尺寸，窗户按照图纸尺寸加工与安装。

（4）逐层架体拆除前优先完成窗台砌筑，替代每层的安全围挡，既保证了工期提前，又维护了每层安全防护（见图 4–16）。

（5）穿插电梯间、管道井的砌体砌筑，与 ALC 墙体错层施工，保证安装工程部分施工人员提前入场（见图 4–17）。

图 4–16 窗台

图 4–17 ALC 墙体施工

6. 安装施工阶段

（1）通过 BIM 的运用（见图 4–18），合理布置各安装工程施工顺序：给排水 —> 强弱电 —> 消防 —> 暖通空调 —> 医用气体。

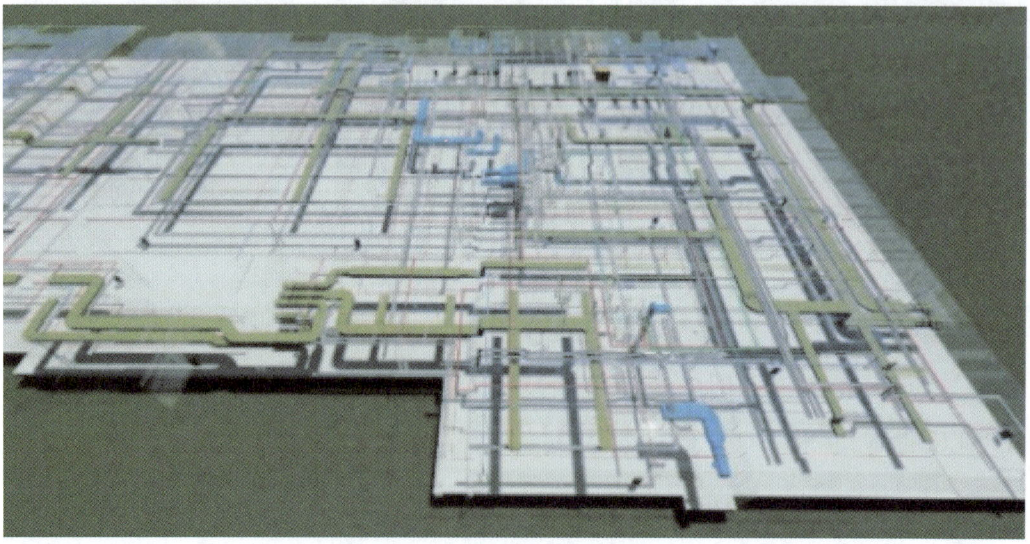

图 4–18 BIM 管网综合图

（2）医用气体采用内嵌式设备带，优化生产安装方式，先加工、安装设备带箱体，后加工、安装滑轨式壁画，缩短厂家供货周期，方便精装单位收边收口。

（3）二次结构施工期间，安装工程穿插进行，完成走廊安装专业主管道安装。

7. 精装修施工阶段

（1）减少精装修队伍与安装队伍重叠施工，以及交叉污染，对部分室内管线安装预埋进行了较为清晰的梳理，并协同安装与精装单位进行了清晰的界面划分，规定由精装修单位统一协调和管控，严格控制精装修吊顶封板时间。

（2）严格要求所有施工队伍参与综合天花板的排布，由精装修单位布点，严格按照图纸施工。

（3）进一步优化验收和程序，结合现场实际，主楼、裙楼每层施工大体按照以下顺序进行：墙地砖与顶面腻子施工 —> 钢质门与铝扣板吊顶安装 —> 墙顶面无机涂料 —> 灯具、开关、插座与洁具安装 —> 自流平、塑胶地板 —> 铝板吊顶与金属面加芯钢板 —> 防火门、不锈钢踢脚线与家具安装 —> 收边收口。安装完成后及时报验，并经检查达标后方可进行下一道工序施工（见图 4-19、图 4-20）。

图 4-19 屋面施工

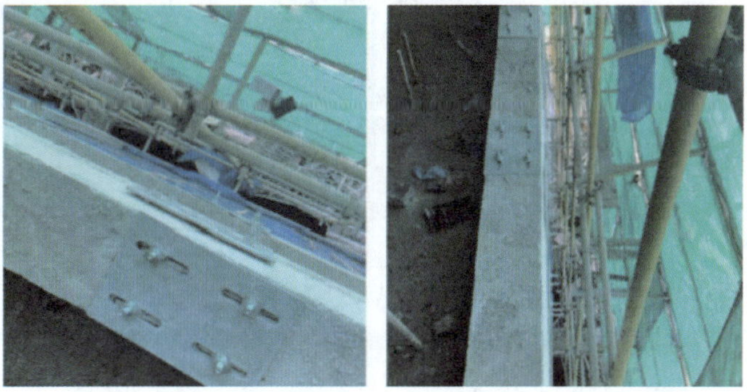

图 4-20 幕墙预埋件

（4）湿作业双保证：优先施工出屋面预留孔洞的管道安装封堵和屋面设备基础的施工，保证精装修施工不受降雨影响；保证施工速度与质量，防止后期隐患，优先进行屋内污洗间、卫生间、淋浴室湿作业施工。

（5）幕墙施工在每层悬挑外架拆除前，尽可能地实现后置埋件施工，提高外架利用率，减少吊篮作业时间。

（6）精装修工作大面基本完成时，对现场每层、每户、每个角落认真仔细检查并建立销项清单，随后及时协调总包单位、精装修单位及各安装单位逐项排查，逐项销号。

（二）特别注意事项

1. 土建方面

（1）应预先评估特种钢材供应，避免对主体施工工期造成影响（见图 4–21、图 4–22）。

图 4–21 钢筋进场

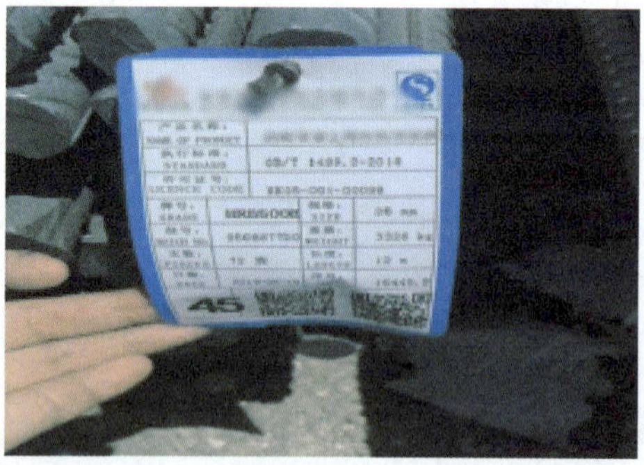

图 4–22 钢筋型号规格

（2）注意场地布局，避免辅材多次清场倒运。

（3）注意及时覆盖裸土，避免场地内排水设施堵塞，导致道路出现淤泥堆积现象，造成一定的环保问题（见图 4–23、图 4–24）。

图 4–23 裸土未覆盖

图 4–24 场地积水

（4）准备足够的生活区板房，避免降雨后不能立即组织恢复施工。

（5）注意混凝土浇筑质量控制，避免后期窗框安装部分剔凿，影响安装工期。

（6）充分考虑雨季屋面施工的可能性，避免防水层下层受雨水浸泡，引起吊顶受潮和发霉。

（7）充分考虑 ALC 墙体施工现场施工复杂情况，给 ALC 墙体施工预留充足的时间，规范预留孔洞尺寸，避免后期剔凿修补情况（见图 4-25）。

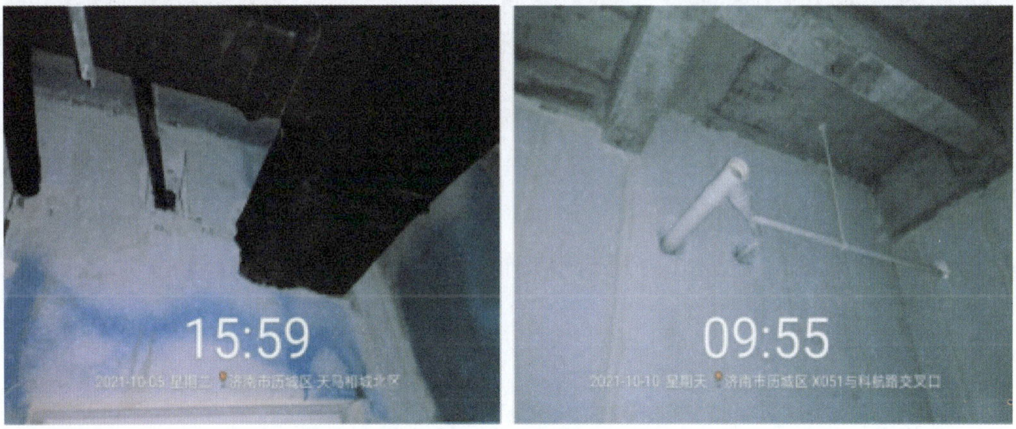

图 4-25 ALC 墙体剔凿

2. 安装方面

（1）设计期间充分考虑病房内新风系统（见图 4-26），避免后期管道、吊顶高度、空调高度的调整。

图 4-26 新增新风系统

（2）BIM 设计应充分考虑风管连接位置尺寸、保温厚度，避免管道进出墙体及排布受到影响。

（3）确定走廊部分主管路先期安装，充分考虑后期 ALC 施工，避免已安装管路拆卸让位（见图 4–27、图 4–28、图 4–29）。

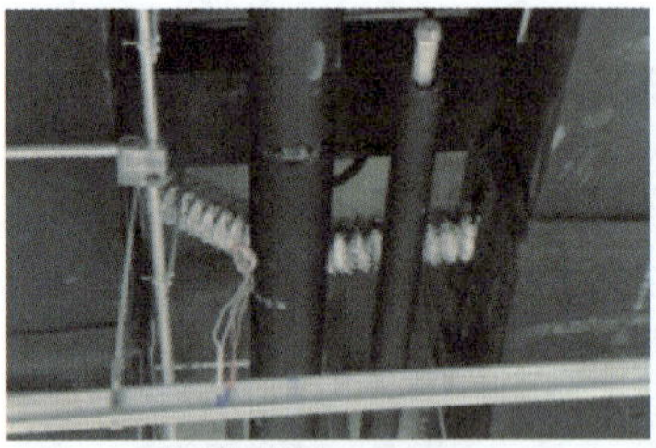
图 4–27 走廊管网

图 4–28 消火栓横管

图 4–29 新风管道

（4）注意概算中配电箱及给水管道的预算是否与图纸设计的要求和功能相符。

3. 装饰装修方面

（1）精装修设计应该与空调厂家沟通开口位置，避免出风口与设备角度过大，影响出风效果。

（2）根据需要充分考虑替补施工队伍设置，避免工期延误。

（3）正确定位精装完成面尺寸，避免消防挡烟垂壁安装后仍需拆改的情况，影响走廊整体装饰效果（见图 4–30）。

图 4–30 挡烟垂壁（改造前）

（4）精装修部分墙面材质尽量统一，避免板材量尺定做，导致加工时间过长，严重影响精装修工期（见图 4–31、图 4–32）。

图 4–31　吊顶铝板

图 4–32　吊顶异形铝板

（5）医用隔帘的施工应预先考虑病床位置、加强板预埋偏差，避免后期安装脱落。

（6）要充分考虑合作公司审批流程时间，提前办理手续，避免智能化设备进场缓慢影响精装修收口找补。

（7）颐养中心幕墙施工单位与实力雄厚的公司合作，避免施工人员不足，影响整体工期（见图 4–33、图 4–34）。

图 4–33　幕墙施工人员不足

图 4–34　幕墙施工进度滞后

（三）施工经验总结

（1）在有限的时间内完成了地基处理方案的选择及正负零以下结构图纸的设计，大量减少了地基处理的施工时间，保证了基础施工未受设计因素影响。

（2）对设计院的基础结构图纸提出优化意见并完成优化设计，在减少含钢量的同时提高了施工的便捷性，既压缩了建设成本也提高了施工速度。

（3）优化了基础防水材料的选型与施工工艺，采用新型防水卷材（高分子自粘胶膜）直接铺贴于垫层表面，较原砖模、防水、保护等施工工期大幅缩短（见图 4–35）。

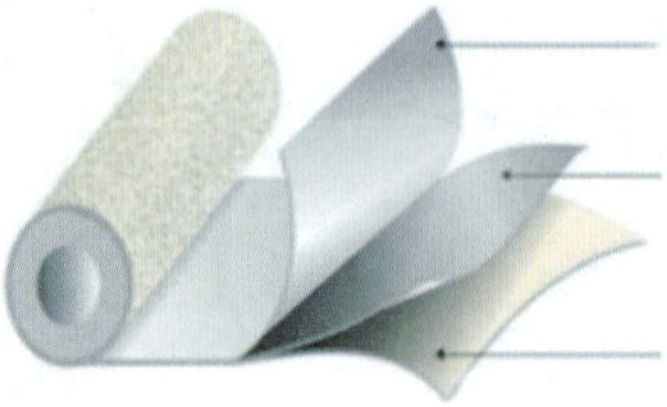

图 4–35 垫层

（4）将车库外墙聚苯板防水保护改为砖模保护，保证防水质量。

（5）采取合理的模板支撑体系和柱加固体系，节省人力、物力的同时保证工期顺利执行（见图 4–36、图 4–37、图 4–38、图 4–39）。

图 4–36 柱模板加固Ⅰ

图 4–37 模板支撑体系Ⅰ

图 4–38 模板支撑体系Ⅱ

图 4–39 柱模板加固Ⅱ

（6）参与对安装分包单位及部分核心设备的调研和比选，保证产品质量以及施工的强力接续。

（7）实时掌握天气动态，制订临时阶段性抢工措施，将雨、雪、风等恶劣天气因素的影响降低（见图4-40）。

图 4-40 混凝土浇筑（夜间）

（8）统筹规划安装工程各单位进场时间，优化施工方案，充分利用时间差，强排工作面，保证后续施工提前进场。

（9）充分调动项目部及监理公司的积极性，实现工作效率最大化，盯靠现场，做到发现问题与隐患零时差解决。

（10）每天下午 4:30，项目部组织召开各专业协调会，总结当日完成情况，制订明日计划，解决现有问题。

三、医院建设专项工程要点

（一）医院建设机电专项工程要点

医院建设机电专项工程不同于一般公共建筑的施工，主要有以下几点不同：

（1）涉及专业分项多：多单位、多专业、多工种相同工作面作业，各种交叉作业，施工管理协调难度大。

（2）功能需求多样化：不同科室有不同需求，空间关系复杂，功能要求高。项目建设过程中为抢抓时间节点，打破常规做法，分区或逐层进入装饰装修阶段，机电安装分区全面开展。这种作业方法对机电安装施工来说挑战很大，逐层施工意味着各安装系统每个区域或每层要独立成活，这给当下施工增加了成倍的工作量，给后期整体打压、联动调试也带来了很大挑战。在施工阶段，为抢抓节点 ALC 墙板施工，要求墙板优先施工各管井、设备间、卫生间，优先为安装工程提供作业面，土建和安装通过合理穿插有效缩短实际施工时间。通过构建全专业 BIM 模型，进行管线综合方案排布，对建筑物最终竖向设计空间进行检测分析，对于管线密集的公共区域实行样板化施工，通过现场样板点评统筹协调各单位合理穿插作业。针对大型设备进场节点、需求，提前对接各厂家需求，最大限度地与现场施工进度无缝衔接。

1. 电气系统

医院项目对供电系统的可靠性、稳定性、安全性要求极高，动力配电系统具有特殊性。本工程采用两路市政 10 kV 双重电源专线加自备应急柴油发电机组的方式进行供电。

根据用电重要性，将用电负荷分为三级：一级负荷包括 ICU、手术室、术前准备及术后复苏室、麻醉室、数字血管造影（DSA）室、血液透析室、急诊科等场所中除特别重要负荷外的其他用电设备，影像科、放射治疗室等场所的诊疗设备及照明用电，住院部的走道照明、计算机网络系统用电，普通电梯、生活泵组供氧吸引与压缩空气设备、锅炉房及全部消防负荷；二级负荷包括中心供应室、空气净化机组等负荷；三级负荷包括普通病房照明及空调用电。

其中，影像科大型影像设备对供电系统的可靠性、稳定性要求极高，电力系统施工前要仔细核实各医疗设备用电负荷需求、线径要求、配电箱配置要求。因大型影像设备的特殊性，建议动力配电箱由厂家直接采购、安装。各大型影像设备对负荷、线径要求较高，要依据厂家布置图确定配电箱位置，准确计算电缆路由长度，根据线缆长度由厂家确定电缆线径。例如，核磁（MR）设备原设计电缆为 4 $mm^2 \times 95$ m+1 $mm^2 \times 50$ m，线缆长度为 185 m，根据厂家研判长度不足 135 m，可采用 95 mm^2 电缆，现场实际长度（185 m）远大于 135 m，最终经过综合评判，电缆调整为 4 $mm^2 \times 150$ m+1 $mm^2 \times 95$ m（见表 4-2）。

表 4-2 线径参考表

变压器与配电柜距离 /m	<75	<90	<135	<135
多股铜芯电缆截面 /mm^2	50	70	95	请联系 GE 公司工程师

手术室、ICU、急诊、NICU、产房手术室、DSA 等重要科室，除采用双电源回路外还应设置 UPS 应急电源，后备电源使用时间不小于 30 分钟。

手术室、ICU、NICU、DSA、产房手术室还应配置医用隔离变压器系统（IT 系统），以保证用电安全性。IT 系统因其电源中性点不接地，当负载端出现第一点相对地绝缘故障时，其对地不能构成回路，只会产生一个很小的容性漏电流，对人体不会产生危害，同时也不会导致空开动作，从而保证了供电的连接性，可保证吊塔、重要插座、无影灯等医疗设备的供电安全。

2. 给排水系统

水处理机房设置：医院一些特殊科室有使用纯水的需求，如血透、检验科、内镜、口腔科、消毒供应中心，这些特殊科室的水处理在设计前期就要充分考虑给水点位和电气预留等。建议设置中央水处理机房，中央水处理设备采用中央集中制备纯水、分质供水等系统模式，可较好地满足不同科室供水需求，节省了科室有效利用面积，方便后期运营维护管理。

开水间布置：各区域开水间布置要综合考虑科室分布，充分考虑医患通道，避免公共开水间设置在洁净区域或患者不能到达的区域。

消毒供应中心消毒凝结水应单独收集并设置降温池，经降温后排至污水管网，因废水温度较高，排水管需采用金属管。

核磁设备间因布置有精密空调，需要设置给水点位、排水地漏。具体设置位置要参照厂家布局定位图进行施工。

3. 暖通空调

医院科室较多且科室对设备和环境要求差异较大，要结合各科室空调使用实际，合理划分空调系统。本项目主楼暖通系统采用冷水机组加市政供热，主要供医院公共区域、普通病房、门诊使用；放射科、检验科大厅因放置有大型设备，散热量较高，且需常年 24 小时运行，特选用较为灵活可靠的氟系统多联式中央空调；急诊、儿科对环境要求较为严格，过渡季节需要保证室内环境符合要求，也选用氟系统多联式中央空调，这样使用管理更为方便；手术室、ICU、NICU、产房采用风冷模块机组全年供冷供热。手术室、NICU、产房采用全空气净化系统，其他区域主要采用风机盘管加新风系统。

放射科区域设备间和操作间对环境要求差异较大，且需全年开启空调满足规定温度要求，在系统施工前要充分结合设备厂家要求进行系统优化，以满足正常使用要求。例如，双源 CT 设备间要求全年制冷 22 ℃，扫描间则需要制冷和制热两种模式；在系统设计时，如采用多联式中央空调要注意冷热系统划分，以保证正常使用。

室内空调末端施工前，要将空调末端定位图与装修图充分叠图，在保证空调系统布局合理的情况下，依据装修效果以及采用风口形式（尤其注意与集成灯带衔接）将空调末端准确定位，避免空调末端与装修效果冲突，导致空调使用效果较差。

新风净化机组各模块尺寸较大，要把握好施工进度以便组织好设备进场，拆除施工电梯前务必将大尺寸机组安排进厂，否则大尺寸模块需要拆成散件运输上楼，给后期施工带来困难。

4. 医院敷设防护与电磁屏蔽

医院电离辐射主要存在于医学影像科，包括 CT、DR、DSA、乳腺钼靶、数字胃肠、碎石、牙科 X 射线、骨密度仪等设备。电磁屏蔽主要用于核磁共振（MR）。

在当前的辐射防护工程中，常见的防护材料包括混凝土、铅板、硫酸钡以及多种防辐射涂料等。不同的辐射防护工程的结构也存在一定的差异，防护工程可以分为结构防护工程以及装饰防护工程。结构防护工程一般是在加速器以及伽马刀等工作区域中进行建设，防止辐射外泄，其施工需要和医院建筑工程同时进行。装饰防护工程则一般是针对 CT、DR 等设备的工作区域来进行施工，借助空间装饰等手段来完成对辐射的隔离和防护，一般会在医院施工装饰工程中进行。

除了建筑结构之外，防护工程中还会使用防护门、防护窗等结构来完成辐射防护工作。 防护窗常使用铅玻璃窗，并在防护门的设置上使用内衬有铅板的门，以此来提升对区域中辐射的防护和屏蔽。因放射扫描间通常采用气体灭火消防系统，需要在墙面设置超压泄压口。在采购泄压口时，要特别注意所采购产品必须满足辐射防护要求。

防护环评验收要点：根据环评检测防护薄弱位置，施工时重点关注电缆沟穿墙位置、电动防护门下口（见图 4-41）、气体灭火超压泄压口防护情况。气体灭火超压泄压口采购要满足相应防护等级。

5. 物流系统建设要点

物流系统中的物流传输系统是指借助信息技术、光电技术等一系列技术和设施，在设定的区域内运输物品的传输系统。物流系统分为气动物流、中型箱式物流、轨道小车物流、物流机器人传输系统等。

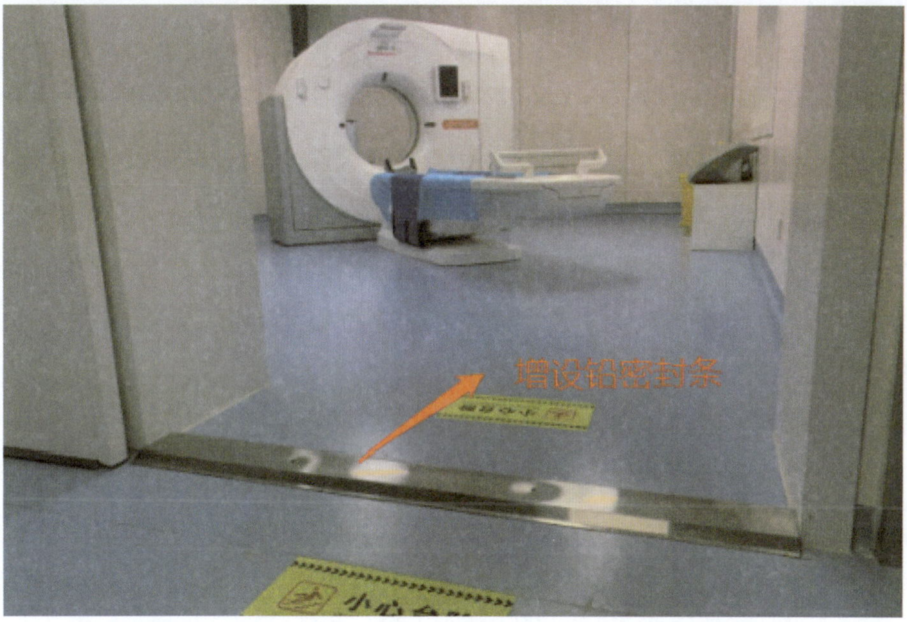

图 4-41 电动防护门下方缝隙过大，后期增设铅密封带

（1）医院物流系统选择。根据实际需求综合考虑，医院采用箱式物流系统为主、气动物流系统为辅的复合型物流解决方案。

中型箱式物流由垂直提升机、水平传输线、智能收发工作站、物流专业软件以及消防装置组成。

气动物流以压缩空气为动力，传输瓶为载体，在密封的管道内速度为 5~8 m/s，可实现小型医疗用品的自动传输。

目前新建医院都是集中式建筑结构，楼层高、面积大、床位数多，对集中时段物品运输效率要求高，尤其是在垂直运输上需要更高的物品运输效率。大量的输液、口服药品、耗材、标本运输对物流系统载体容量、载重量的要求更高，而现代化高端医院的自动化、信息化程度要高，就需要物流系统对接 HIS，实现全程有监控、物品数据能追溯、运输全程自动化。

（2）箱式物流系统站点设置、安装要点。箱式物流系统作为主要物流运输方式，站点设置较多，分别有以下几类：

主楼各科室及病房护士站站点：院内科室、病区之间与后勤服务保障部门之间大件物品的物流传输服务。

负一层餐厅：主要功能为运输餐食，后期可为医院各病区提供自动配餐服务。

负一层供应周转库：周转材料可由负一层直接传递到需求站点，不再需要各病区员工单独到负一层领取。

二层检验科：主要功能为检验标本及成果文件的运输和传递。

五层住院药房：主要服务于各住院病区的药品发放，降低成本。

箱式物流系统的优点是运输箱体尺寸大[660 mm（长）×450 mm（宽）×300 mm（高），见图 4-42]，单次传输量大（≤ 70 kg），运送物品种类不受限制；缺点是需单独设置竖向井道，对水平轨道净空要求较高。

安装过程中要特别注意：

第一，箱式物流井道口部和穿越防火分区位置均设有消防联动防火窗或防火卷帘，需提前对接设计和消防单位做好消防电源和模块点位预留，确保消防联动时可正常工作。

第二，箱式物流水平轨道对净空要求较高，新建医院箱式物流系统为了美观，一般需隐藏在吊顶内，底部丝杆往上需 750 毫米净空才能满足正常使用要求，所以机电安装开始前必须优先确定箱式物流行走路径，优先进场布置安装，确保其他管线合理避让。

第三，本项目在通往二层检验科的水平轨道布置上进行了局部优化，原设计中穿越主楼与裙楼防火分区的轨道对裙楼公区的吊顶高度影响较大，非常影响公共区域大开间位置吊顶的美观，经过现场确认将轨道改为经楼梯间穿过后进入内外科诊室再向检验科延伸，避开了公区位置（见图 4-43）。

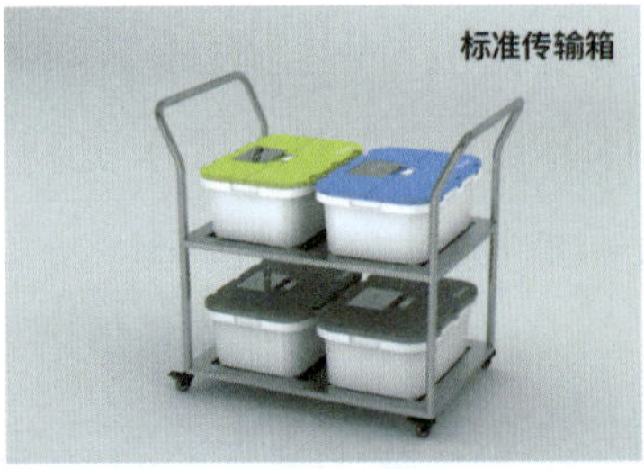

图 4-42 箱式物流载重 70 kg 标准箱

图 4-43 防火隔热安全隔离装置

（3）气动物流系统站点设置。气动物流作为辅助物流运输方式，主要服务于检验采样及消毒物品传输。它以压缩空气为动力，传输瓶为载体，在密封的管道内以5~8 m/s 的速度传送，可实现小型医疗用品（≤ 5 kg，见图 4–44）的自动传输，能满足医院紧急物品快速传输、敏感物品安全传输的需求。

图 4–44 气动物流传输瓶

气动物流站点设置为一层急诊科检验、儿科检验、二层检验科、三层病理科、五层消毒供应中心。

6. 医用气体系统建设要点

医用气体系统分压缩医用气体系统和真空系统两类。压缩医用气体系统主要包括医用氧气系统、医用空气系统、医用氮气系统、医用二氧化碳系统、医用混合气体系统等；真空系统主要包括医用真空系统、牙科真空系统等。

医用气体系统按其结构，一般由医用气体供应源、医用气体管道、医用气体供应末端设施和医用气体检测报警系统组成。

医用气体供应源主要分为医用氧气、真空汇、医用空气、医用氮气、医用二氧化碳、医用氧化亚氮、医用混合气体等。

医用氧气供应方式主要有医用液氧储罐、液氧浓缩器、医用气体汇流排。在选择医用氧气供应设备时，按计算出的总用氧量并取 1.1~1.2 的安全系数进行选择。经过综合评判，液氧储罐与制氧机相比，液氧罐设置于室外常温、通风环境中运行，除了充装液氧外基本不需维护，且氧气供应稳定有保障，负荷调节能力强，无噪声，故本项目采用医用液氧储罐和医用气体汇流排“一备一用”方案进行配置。

液氧站主要由液氧罐、汽化器、减压装置、中心压力报警箱等组成。液氧站施工时要注意以下几点：液氧储罐充气端口应集中引至外侧，罐体压力表应能在充气侧查看，以方便液氧充装；液氧站要预留好接地点，且接地电阻不大于 10 Ω；液氧罐至主干道前应预留不小于 4 米宽的道路，以便于液氧充装车辆通行。

医用氧气汇流排通常按双路自动切换设计，两路氧气通过控制器自动切换，一路工作、一路备用，当工作组的氧气压力下降到下限时，自动切换到另一路工作，同时发出报警。汇流排房间施工时，要注意房间内所有用电设备均需采用防爆型产品。气瓶需要设置固定支架，以保证气瓶稳固、安全。

医用氮气、医用二氧化碳、医用氧化亚氮、医用混合气体主要用于手术室、术后复苏室等区域，用量相对较小，这些气体供应源通常自动切换医用气体钢瓶汇流排。

牙科抽吸系统和空气系统通常需单独设置系统。牙科抽吸系统应尽量靠近使用地点，避免管路太长造成口腔治疗机处的真空吸力不足，影响使用。设计时要注意牙科吸引设备应选择低于牙椅所在楼层地面高度。因牙椅所用管道均需暗埋在牙椅下方，施工时要注意结合牙椅选型以准确定位进行预埋，避免后期返工处理。

医用气体末端主要有设备带、吊塔、吊桥、壁画式终端盒、嵌入式终端盒等。

末端设备带主要由集成电源插座、网络端口、床头灯、信息化床头分机、气体端口组成。气体终端制式很多，常见的有美标、德标等，本项目采用市面上较普遍的德系接口。根据安装固定形式分明装、暗装。明装设备带即设备带突出于墙面，施工较为简便，造价相对较低，主要应用于普通病房；暗装设备带即设备带与墙面饰面层一体化，整体效果更简洁、美观，造价较高。结合医院及不同病区的设计风格，医疗设备带可个性化定制（见图 4-45），使病房环境不再单调、压抑。

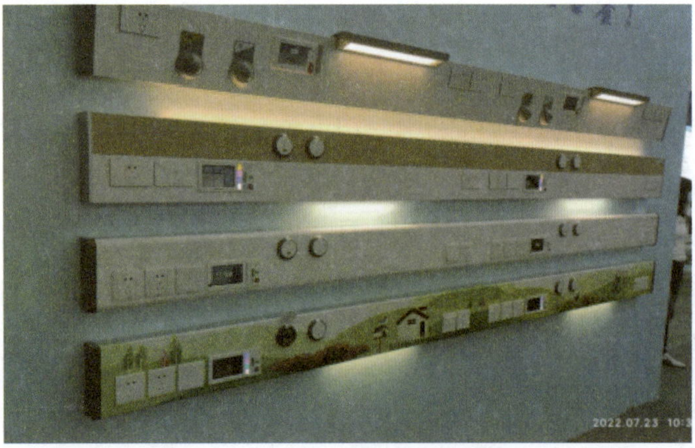

图 4-45 个性化定制设备带

除普通病房安装设备带外，抢救室、急诊、ICU、手术室等科室安装医用吊塔、吊桥。医用气体系统设计、施工时要特别注意与医用吊塔、吊桥衔接，做好各气体管路预留，且要与医疗吊塔单位对接好界面，气体单位预留管路端口，焊好宝塔头以方便吊塔对接。吊塔施工前务必与精装单位准确定位，且在吊顶施工前吊塔固定底座要施工完成。吊塔施工相对复杂、造价较高，建议急诊、抢救室采用专用设备带。该设备带设置了导轨，可挂监护仪支架、输液架、抽屉平台、医用检查灯、杂物篮等配件。该设备带比较好地集成了医疗吊塔相关功能，相对造价低，安装简便，节省空间。

气体监测报警系统主要对各气体气源、区域运行参数、运行状态的就地控制和集中监测报警。因为医用气体属于专业单位深化设计，设计完成后要充分与精装强电图纸对接点位，以便在施工过程中对气体报警箱做好电源预留。

（二）医院特殊用房专项工程要点

医疗专项种类多、技术要求高、技术处理难度大，各专业设备与主体建筑的对接精度要求较高，在主体设计的同时，就要开始全力推动医疗专项设计进程。通过精准的设计对接，来明确地确定好净化区与公区施工界面划分。

1. 手术部

手术部由手术室、设备用房、辅助用房组成，根据空气洁净度要求分为四个等级：一级（百级）、二级（千级）、三级（万级）、四级（十万级）手术室。本工程设置 1 个一级手术室、5 个三级手术室。

根据净化标准不同，一级、二级手术室应选用独立净化空调系统，三级、四级手术室可以 2~3 间选用一个净化空调系统。洁净手术室与辅助用房应分开设置净化空调系统，手术室内气流组织采用上送两侧下回，洁净走廊采用上送上回（见图 4–46、图 4–47）。

手术室内完成净高一般为 2.8~3.0 米，由于洁净手术室的天花板上要安装高 0.5 米的静压箱，所以手术层梁底至地面高度应在 3.5 米以上，最佳层高为 4.5 米。吊顶内需要敷设各种复杂管线，施工前期统筹考虑布置好吊顶平面图，特别是吊塔、无影灯安装位置，标高要准确定位（见图 4–48），固定底座焊接尽量要在手术室电解钢板施工前施工完毕。

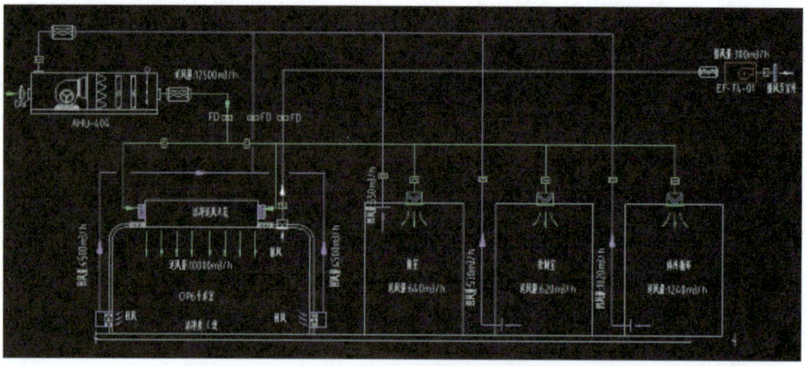

图 4-46 一级手术室空调系统图（独立系统）

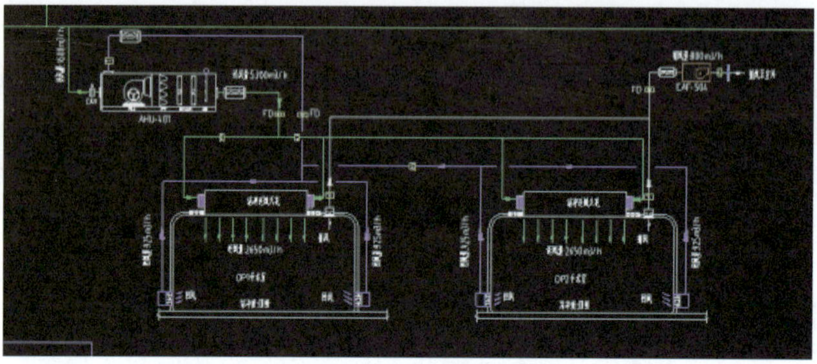

图 4-47 三级手术室空调系统图（一拖多）

手术室属特重一级负荷，对用电气系统供电安全性、稳定性要求极高，应采用双电源供电，且设置 UPS 备用电源。手术室内用电应与辅助用房用电分开，每个手术室的干线必须单独敷设。每个洁净手术室应设有一个独立专用配电箱，且为保证供电安全采用隔离变压器供电。为了检修时工作人员不进手术室以减少外来感染，配电箱不得设在手术室内，应设在该手术室的外廊侧墙内（见图 4–49）。

图 4-48 无影灯、吊塔固定支架吊顶前预埋

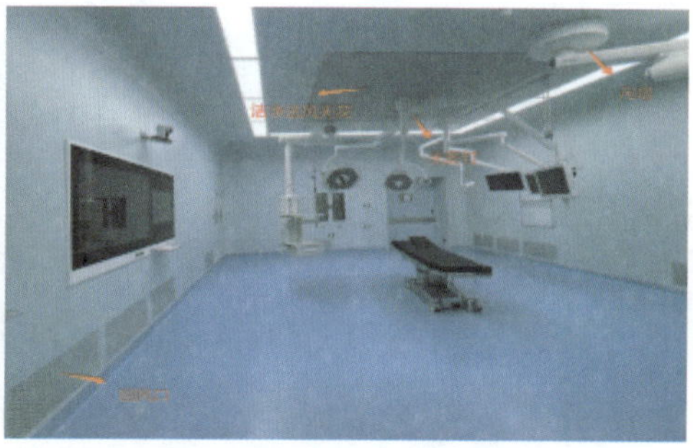

图 4-49 手术室内部

本院一级手术室为数字化手术室。数字化手术室系统是汇整手术室内各类医疗影像设备，把患者手术过程中的音视频信号编码成数字信号，包括患者的病历信息，全景、术野等视频影像，手术中需要的内镜、腔镜等影像信号，通过网络进行实时的手术示教、学术会议等音视频交互功能的系统（见图 4–50）。

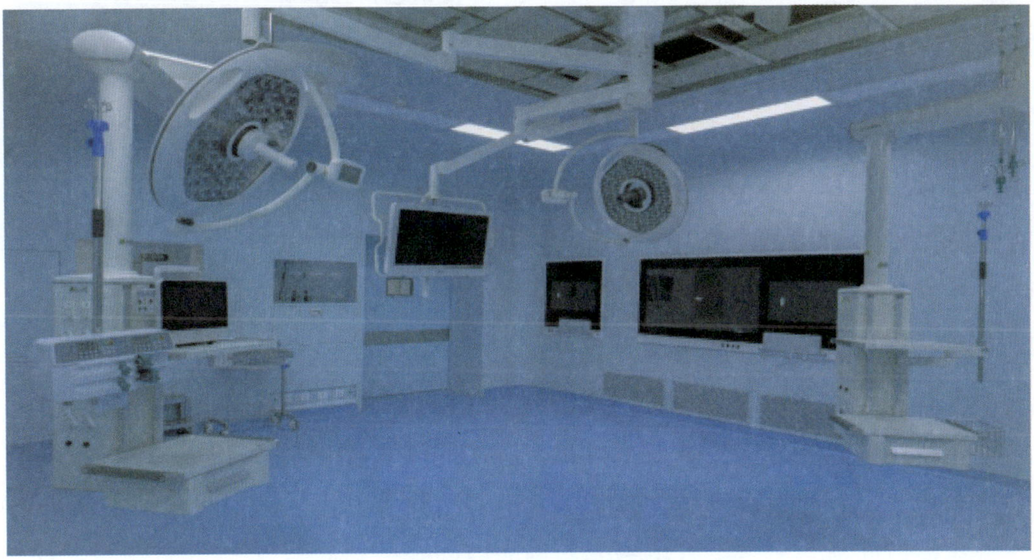

图 4–50　数字化手术室

2. **医学检验中心**

医学检验中心分为四大功能区域，分别是标本采集区域、工作区域、配套用房、交通区。

暖通空调：检验大厅放置有大量生化检验设备，设备散热量较大，全年空调制冷时间比较长，故选用氟系统多联式中央空调系统。办公区采用大楼冷热源，末端为风机盘管加新风系统。

给排水：检验中心需设两套供水系统，即常规供水系统和纯水系统。给排水点位设置前要依据检验大厅生化设备摆放方案做好预留，待检验科各设备就位后再施工给排水的相关支管管路。

供电：检验科也需要配置 UPS 供电系统，以保证各类主要生化仪器及主控电脑正常工作。

3. PCR 实验室

PCR 实验室（见图 4–51）按平面布局分为四部门：试剂制备区（–5，+5）→标本制备区（–10，–5）→扩增区（–10，–5）→分析区。PCR 实验室并没有严格的净化要求，但为了避免交叉污染，进入每个实验室必须严格遵循单一方向。空调通风系统和压力系统采用全供全排的配风形式。同时，要严格控制送排风的比例，以保证各实验区的压力要求（见表 4–3）。实验室建议采用独立冷热源，这样更方便使用和管理。PCR 实验室如有条件应尽可能设置外窗。

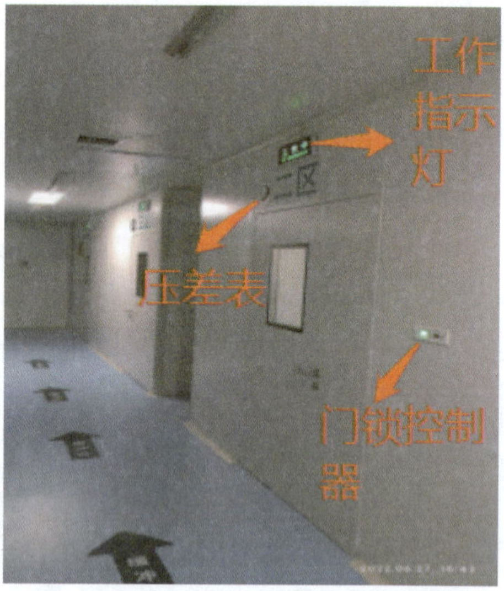

图 4–51 PCR 实验室

PCR 实验室验收重点：各区域按要求保持压差梯度；缓冲间和实验室门应设置互锁，且门底部需设置扫地撑以保证房间气密性；缓冲间门锁控制器出于安全考虑需设置在走廊一侧；各实验室需设置工作状态指示灯；实验台需设置洗眼装置；新规范要求设有生物安全柜的房间需安装监控设施。

表 4–3 PCR 实验室压差梯度值

区域	压差/Pa	区域	压差/Pa	区域	压差/Pa	区域	压差/Pa
分析区	−20	扩增区	−15	标本制备区	−5	试剂制备区	+5
缓冲间	−10	缓冲间	−10	缓冲间	−10	缓冲间	−5
走廊							

4. ICU

ICU 即重症加强护理病房，三级和有条件的二级医院均应设立重症医学科。

ICU 建设选址设置于方便患者转运、检查和治疗的区域，并考虑以下因素：接近主要服务对象病区、手术室、影像学科、化验室和血库等，在横向无法实现“接近”时，应该考虑楼上楼下的纵向“接近”；应具备良好的通风、采光条件，有条件者最好装配气流方向从上到下的空气净化系统，能独立控制室内的温度和湿度。

ICU 内部设置大量吊塔，在安装前要与净化施工单位精准对接点位，做好气、电、网接口预留；ICU 大量使用医用设备，对供电安全要求较高，每个床位吊塔电源均应通过 IT 隔离变压器单回路输出，以确保各床位供电安全。

ICU 建筑装饰必须遵循不产尘、不积尘、耐腐蚀、防潮防霉、防静电、容易清洁和符合防火要求的总原则。ICU 床位之间应设置隐私帘。

5. 消毒供应中心

消毒供应中心的位置选择应遵循的原则：临近主要或最重要的使用科室（如中心手术室、手术室、产房和主要临床科室）；不宜建在地下室或半地下室；所在位置的周围应保持环境清洁，无污染源、水源等。

消毒供应中心应按照污染区、清洁区、无菌区三区布置，并应按单向流程布置，工作人员辅助用房应自成一区。

消毒供应中心是能耗大户，在建设过程中要根据选型设备，仔细核实用电负荷需求，确定好供电方案。本院设计的预留电负荷为 200 kW，实际厂家深化后的用电负荷达到 323 kW。

消毒供应中心设有高温脉动灭菌器，该产品尺寸、质量都较大，要提前规划大型设备进场路径，把握好设备进场时间，确保设备顺利进场安装。

消毒供应中心主要采用高温高压蒸汽对器械进行消毒，蒸汽在消毒过程中形成的冷凝水温度依然很高，排水管道需采用金属管道，且须经冷却后汇入化粪池。

消毒供应中心内设有气动物流和中型箱式物流，通往手术室、检验科、急诊及各病房区域，极大地提高了消毒周转医用物品的运输效率，降低了人力成本投入。

6. 放射科

放射科建设涉及的厂家及施工单位众多，施工前期要重点把施工界面、施工程序、各厂家需求对接清楚。

施工界面划分及需求主要涉及总包单位、净化区域专项施工单位、智能化单位、消防单位、医用气体医疗设备厂家，尤其注意 MR、DSA 设备厂家施工界面及施工程序的确定。

土建方面：设计前期，放射科区域通常采用降板设置，方便后期根据不同设备厂家需求进行二次深化设计。总包单位依据设计图纸，围护结构采用砖砌二四墙，剩余墙面防护及装饰装修由专业单位进行施工。二次结构及地面施工开始前，要依据设备厂家要求，确定吊装天轨的固定位置及方式、电缆沟走向布置、设备基座定位及基础施工、墙面预留洞口设置、设备运输通道。

安装方面：安装作业紧紧围绕各设备厂家需求来开展，重点对接设备负荷及线径要求、配电箱配置要求、强弱电末端点位预留位置及数量、暖通空调设置要求、气体灭火系统末端设备布置等。

大型医疗影像设备对电源要求较高，电力系统施工前要仔细与各厂家核实各医疗设备用电负荷需求、线径要求、配电箱配置要求。

气体灭火设置要特别注意门外侧工作指示灯、操作盒位置以及气体灭火超压泄压口位置的设置，避免与电动门以及工作指示灯施工冲突。

防护方面：根据环评检测防护薄弱位置，施工时重点关注电缆沟穿墙位置、电动防护门下口、气体灭火超压泄压口防护情况。气体灭火超压泄压口采购要满足相应防护等级。

7. 产房

产房在空间布局上以方便工作、利于母婴安全、符合隔离和无菌为原则，并与手术室、产科病房、母婴同室和新生儿室等邻近房间形成相对独立的区域。有条件的医院，其分娩室应设三条通道，即患者通道、工作人员通道、污物通道。患者通道宜靠近待产室，工作人员通道靠近更衣室，分娩室设污物通道以使污物直接从污物廊运出。

例如，原设计待产产妇及陪产人员通过洁净区域进入待产室，不满足院感及科室管理要求，后经深化设计，产妇及陪产人员经过专用通道进入待产室，避免对产房洁净区域造成污染。为避免分娩室污物与洁净区域交叉感染，分娩室增设污物通道，污物通过污物走廊送入污物暂存处运走。

产房主要是为孕妇和刚出生婴儿提供休养的场所，在色彩上以暖色系为主，营造一个温馨舒适的氛围。

四、放射科重点设备安装要点

（一）MRI 磁共振建设要点分析

MRI 是通过体外高频磁场作用，由体内物质向周围环境辐射能量产生信号实现的，成像过程与图像重建和 CT 相近，只是 MRI 既不靠外界的辐射、吸收与反射，也不靠放射性物质在体内的 γ 辐射，而是利用外磁场和物体的相互作用来成像，且高能磁场对人体无害。

本项目医院的 MRI 是采购于美国 GE 公司的设备，安装在门诊医技病房综合楼裙楼一层放射科东北角。

磁共振作为影像科设备中单体最重、尺寸最大的设备，需要注意安装位置的荷载承受能力是否能够满足要求，还需要注意设备由室外进入室内沿途结构的荷载承受能力。本项目医院磁共振磁体自重为 8 吨，在结构设计前提前规划了磁体运输路线及安装位置，保证结构受力满足要求。

MRI 磁体的强磁场与周围环境中的大型移动金属物体可产生相互影响，通常离磁体中心点一定距离内不得有电梯、汽车等大型运动金属物体，所以在选择磁共振位置时还需要注意上下楼层对应位置是否会对其产生影响。本项目医院将磁共振对应的负一层位置的停车位改为戊类库房，防止对设备产生影响。

在磁体未到场安装到位前，外幕墙及运输路线上的所有墙体、门等都不能进行安装，必须为磁体运输留出足够的通道尺寸，运输洞口不能小于 3 m × 3 m（见图 4–52、图 4–53）。

1. 磁体间推荐净尺寸（长 × 宽 × 高）……………8.0 m × 5.5 m × 4.0 m
2. 磁体间门最小净尺寸（宽 × 高）……………1.2 m × 2.1 m
3. 观察窗推荐尺寸（宽 × 高）……………1.6 m × 0.8 m
4. 窗底边距地面……………0.8 m
5. 操作间推荐净尺寸（长 × 宽 × 高）……………3.0 m × 4.0 m × 3.6 m
6. 操作间门推荐净尺寸（宽 × 高）……………1.0 m × 2.1 m
7. 设备间推荐净尺寸（长 × 宽 × 高）……………3.5 m × 7.0 m × 3.6 m
8. 设备间门推荐净尺寸（宽 × 高）……………1.2 m × 2.1 m

图 4–52　MRI 房间尺寸要求

图 4-53 磁共振磁体就位照片

磁共振磁体间周围墙体必须为实心砖墙墙体，不能采用加气块墙体或轻质隔墙，这点尤为重要。磁体间内在进行屏蔽施工前要确保房间内不能有任何金属物件，磁体间内预留预埋的线管必须为 PVC 材质。磁共振范围内不能有任何给排水路经过，包含消防水。消防问题可采用气体灭火的方式解决。

磁体间与周围设备间及操作间之间有非常多的预留孔洞，不同厂家对孔洞的预留位置要求不同，在砌筑墙体前需落实厂家需求，按照要求进行留洞（见表4–4）。

表 4–4 预留洞口尺寸列表

编号	洞口名称	编号	洞口名称	编号	洞口名称
C1	屏蔽门预留洞	C5	空调排风预留洞	C9	紧急排风预留洞
C2	屏蔽窗预留洞	C6	电源滤波器预留洞	C10	高压注射器预留洞
C3	传导板预留洞	C7	失超管预留洞	C11	系统走线预留洞
C4	空调进风预留洞	C8	进磁体预留洞	C12	屏蔽小门预留洞

磁体间在二次结构施工完成后，还需要根据厂家要求进行屏蔽层的施工，屏蔽材料为紫铜皮。磁体间屏蔽必须六个面全部包裹到位，不能有任何缝隙，地面除了做屏蔽层外还需要做两层防潮层（见图 4-54、图 4-55、图 4-56、图 4-57）。

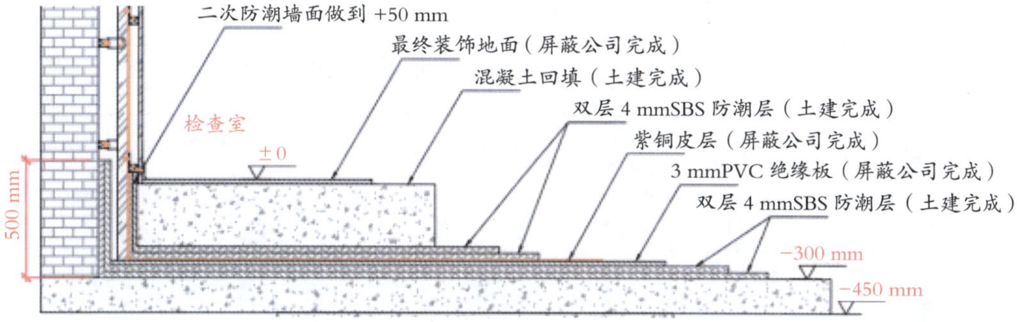

图 4-54 磁体间地面做法明细

图 4-55 防潮层施工

图 4-56 屏蔽层基层施工

图 4-57 屏蔽层施工

磁体间吊顶内的所有电缆桥架必须为经消磁处理后的铝合金桥架。房间内的内部装修需要由专业厂家进行施工。整个施工过程中所有金属材料必须经过严格的消磁处理。

磁共振作为影像科安装最为复杂的设备，设备间内的配套设备也是最多的，对磁体间、设备间内的环境温度及湿度要求也是最高的（见表 4–5）。

表 4–5 温湿度要求及散热量

房间	温度/℃	温度变化率/（℃/h）	湿度/%	湿度变化率/（℃/h）	散热量/kW
磁体间	15~21	≤ 3	30~60	≤ 5	2.4
操作间	15~32	≤ 3	30~60	≤ 5	1.45
设备间	15~32	≤ 3	30~60	≤ 5	9.245

磁共振设备间共配套安装了大小设备 11 套。这些设备与磁体间内及室外机相互联通，管道错综复杂，在施工过程中需注意设备的安装顺序及其他相关专业的配合施工（见表 4–6）。

表 4–6 设备间部分配套设备明细

序号	配套设备
1	磁监（MON）
2	综合系统柜（ISC）
3	综合冷却柜（ICC）
4	MDP 柜（MDP）
5	主配电柜（非 GE 提供）
6	辅助配电柜（非 GE 提供）
7	稳压柜
8	上下水（非 GE 提供）
9	机房专用空调（非 GE 提供）
10	室外水冷机
11	空调室外机（非 GE 提供）

磁共振设备对电缆截面尺寸要求极高，不同电缆长度对电缆截面影响很大，如果电缆长度超过 135 米就需要厂家确认电缆型号，这点需要特别注意。

磁共振磁体进场前，需要将所有供电设备全部安装到位，做到随时能够合闸送电，而且电源不能采用施工临电，必须采用正式电。因磁共振磁体不能长时间处于断电状态，所以磁体进场后设备厂家会以最快的速度将磁体安装就位并进行通电保护（见图 4–58）。

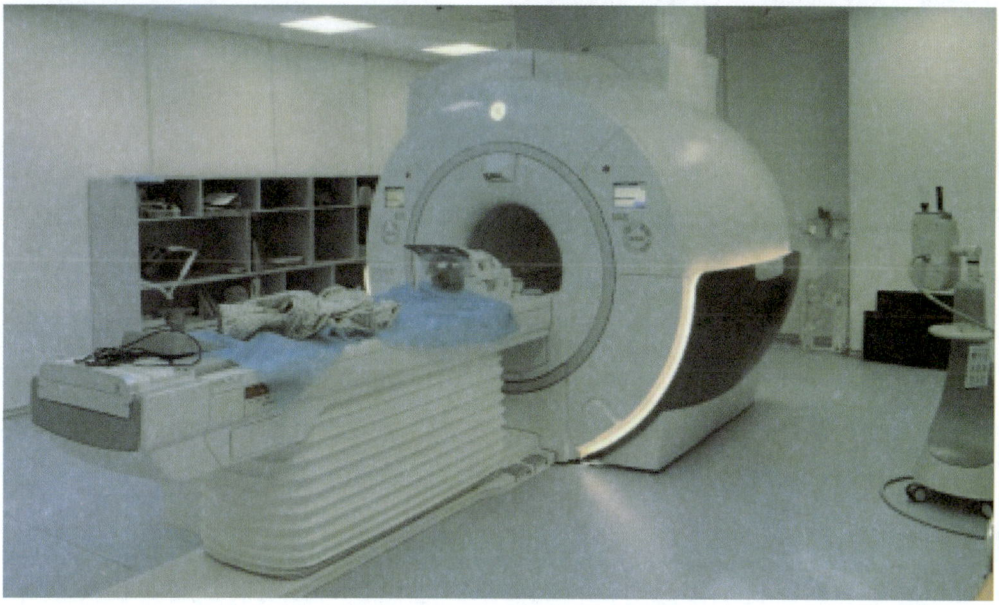

图 4–58　磁共振安装及装饰完成实景图

（二）DSA 建设要点分析

DSA 即血管造影的影像通过数字化处理，把不需要的组织影像删除掉，只保留血管影像，这种技术叫“数字减影技术”，其特点是图像清晰、分辨率高，为观察血管病变、血管狭窄的定位测量、诊断及介入治疗提供了真实的立体图像，为各种介入治疗提供了必备条件。

DSA 是具有放射性伤害的设备，对射线防护方面有着较高的要求。首先要按照国家标准进行环评、预评和控评。DSA 检查室二次结构墙体必须为实心砖墙墙体，不能采用加气块墙体或轻质隔墙。射线防护采用 63 毫米厚硫酸钡水泥。射线防护必须将房间的六个面全部闭环处理，不能有任何缝隙。

DSA 作为吊装设备需根据厂家要求做一组天轨吊架，天轨吊架的安装精度要求非常高。本项目医院的 DSA 吊架由 9 根天轨组成，9 根天轨吊架的安装平整度误差不能超过 2 毫米（见图 4–59、图 4–60）。

图 4–59 天轨吊架安装照片

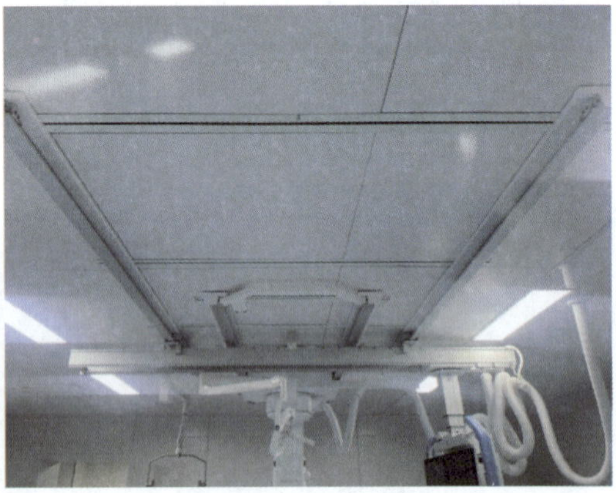

图 4–60 天轨吊架安装完成照片

DSA 设备供电一般为下进线，地面需留设电缆沟。不同品牌的厂家对安装位置及电缆沟的需求不同，施工前需与设备厂家确认电缆沟走向。

DSA 设备对安装位置的地面平整度要求较高，安装完成后的误差要控制在 1 毫米以内。设备厂家自带一个设备预埋件，需在地面施工时根据厂家要求做好预留。施工时需特别注意对误差的要求，避免影响后期设备的安装及使用。

DSA 设备电源要求一级配电、独立供电，禁止与其他设备共用，设备额定容量为 100 kV · A，线径规格根据变压器房至设备间配电箱的电缆长度而定。设备对电缆截面尺寸要求极高，不同电缆长度对电缆截面影响很大。如果电缆长度超过 100 米就需要厂家确认电缆型号，这点需要特别注意。

DSA 范围内不能有给排水管路，消防水管也不行。消防问题可采用气体灭火的方式解决。

检查间和设备间要求安装独立分体式空调，空调要求全年 24 小时开机运行，机房温度要求全年（22 ± 2）℃，设备间空调要求全年 24 小时制冷模式 22 ℃工作，检查间散热功率为 3000 W，设备间为 4000 W，控制间为 2000 W，各房间空调出风口位置需避开设备所在区域（见图 4–61）。

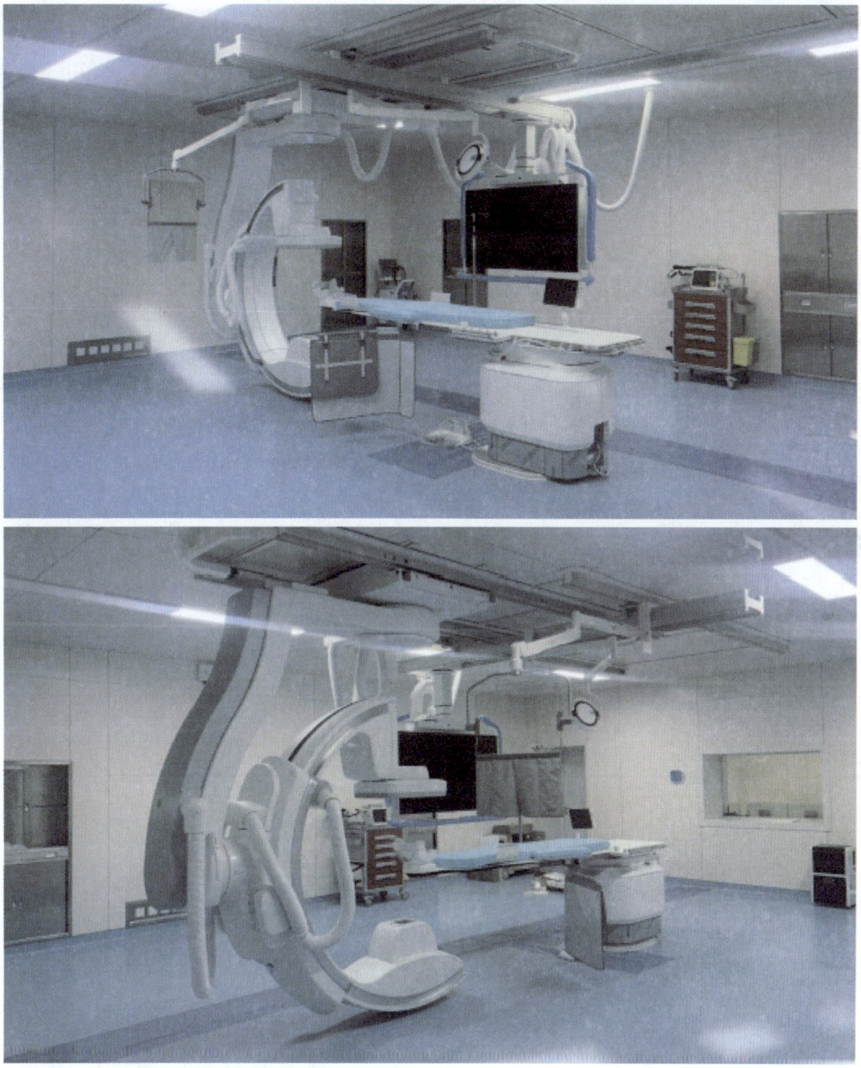

图 4-61 DSA 检查间安装（上）及装饰完成（下）实景图

（三）CT 建设要点分析

CT 即电子计算机断层扫描，是利用精确准直的 X 射线、γ 射线、超声波等，与灵敏度极高的探测器一同围绕人体的某一部位做一个接一个的断面扫描，具有扫描时间快、图像清晰等特点，可用于多种疾病的检查。

CT 是具有放射性伤害的设备，对射线防护方面有着较高的要求，首先要按照国家标准进行环评、预评和控评。CT 检查室二次结构墙体必须为实心砖墙墙体，不能采用加气块墙体或轻质隔墙。射线防护采用 63 毫米厚硫酸钡水泥。射线防护必须将房间的六个面全部闭环处理，不能有任何缝隙。

本项目医院门诊医技病房综合楼内一共安装 3 台 CT，其中飞利浦公司的 2 台、西门子公司的 1 台。西门子 CT 为双源 CT，需独立设置设备间。3 台 CT 中有 2 台在放射科，1 台在体检中心。

西门子双源 CT 是落地安装，电源进线为下进线。不同设备厂家对设备安装需求不同，地面施工前需与厂家确认设备安装定位及电缆沟走向，根据厂家提供的图纸进行设备基础及电缆沟的施工。电缆沟施工精度一定要高，避免影响设备的安装及使用。

双源 CT 与普通 CT 对工作环境的要求不同，双源 CT 需要在恒温恒湿的工作条件下运行（见表 4–7）。

表 4–7 西门子双源 CT 设备环境要求

状态	温度 /°C	建议温度 /°C	相对湿度 /%	建议相对湿度 /%	气压 /kPa
系统运行	18~28	22~26	20~80	30~60	70~106
系统运输、存储	−20~50	—	5~90	—	70~106

本项目医院放射科设备间位于东侧，紧邻天井幕墙，为避免阳光直射对设备间内环境产生影响，采用轻质隔墙对幕墙进行封闭。

体检中心 CT 位于楼梯体检中心，因设备较大无法采用电梯及人工搬运的方式上楼，需要在二楼电梯厅北侧幕墙上留出洞口，并在室外对应位置搭设承重平台，采取吊装的方式进行运输。在设备到场前需与厂家确认好洞口尺寸及位置，现场根据厂家要求拆除幕墙并搭设好平台，设备到场后直接吊装上楼（见图 4–62）。

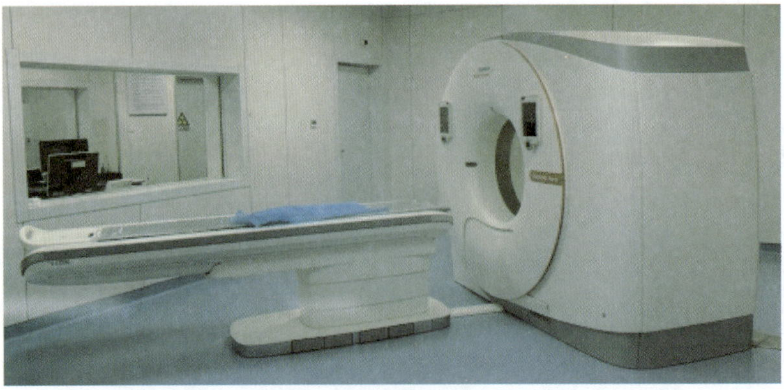

图 4–62 双源 CT 检查间安装及装饰完成实景图

体检中心 CT 为后期改造增加设备，原设计中并无此设备，设备间及控制室需要进行二次改造。改造内容涉及建筑布局的变动、给排水管路的拆移、空调更换、防辐射措施的增加补充等（见图 4–63、图 4–64）。

现场防辐射采用的是 4.2 mmPB 的铅板，房间内六面全部防护覆盖。

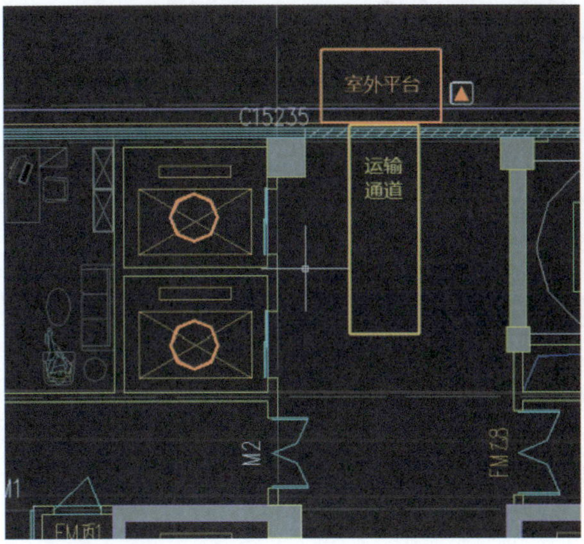

图 4–63　体检中心 CT 运输通道

图 4–64　体检中心 CT 运输现场照片

大型医疗影像设备对电源要求较高，电力系统施工前要仔细核实各医疗设备用电负荷需求、线径要求、配电箱配置要求。因大型影像设备的特殊性，建议动力配电箱由厂家直接采购、安装。各大型影像设备对负荷、线径要求较高，要依据厂家布置图确定配电箱位置，准确计算电缆路由长度，根据线缆长度由厂家确定电缆线径（见表 4–8 及图 4–65）。

表 4–8　现场配电箱进线电缆线径参考表（基于 400 ≠ V 电压允许内阻值）

实际电缆走线距离 /m	0~100	100~150	150~200	>200
多股铜芯电缆截面积 /mm²	70	95	120	需联系西门子项目经理

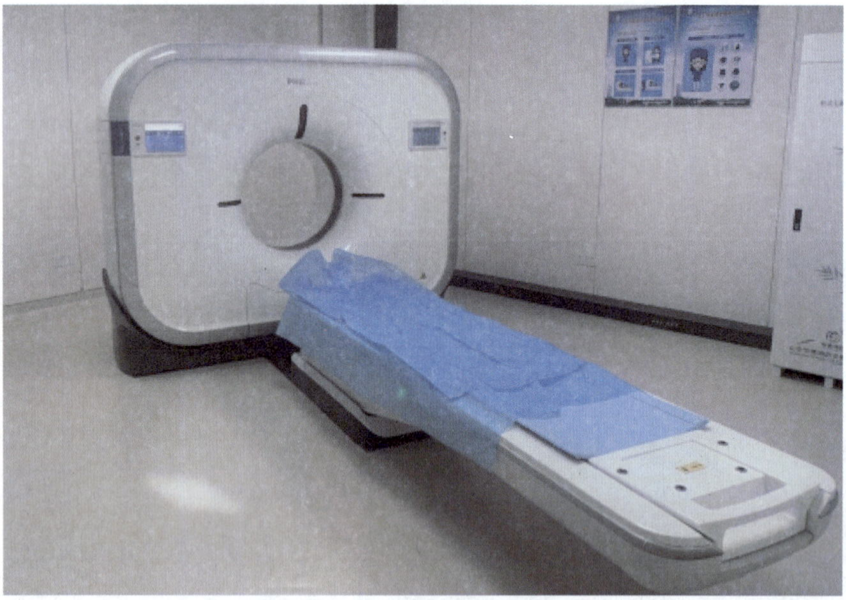

图 4-65 体检中心 CT 检查间安装及装饰完成实景图

第五节　工程竣工验收

一、质检验收

工作要点如下：

（1）现场各个工程基本施工完成，室外施工基本完成。

（2）五方验收报告等大表整理完毕。

（3）现场竣工标识牌安装完毕。

（4）前期质监所列问题已整改完毕。

（5）正式图纸、图审必须完毕。

（6）消防等其他验收基本完成。

竣工验收流程如图 4-66 所示。

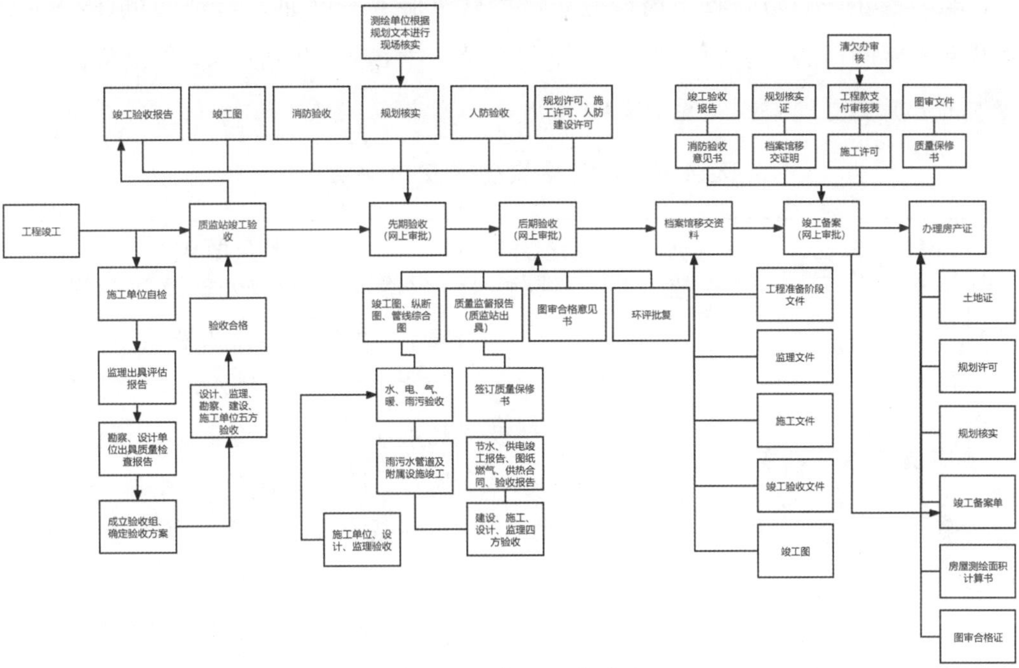

图 4-66　竣工验收流程

注意事项如下：

（1）质监验收需提前向质监办公室提供节点到位联系单，并根据实际情况到现场进行验收。

（2）质监验收分预验收及正式验收两项，每项都需提供节点联系单。

（3）预验收完成后，将正式验收所需大表报至质监部门，质监部门进行分组验收。

质检验收通过后，将材料提交至窗口，原则上质监验收完成 15 日内可以进行竣工验收备案。

二、消防验收

项目进行消防验收的前提是项目已竣工并完成规划实测、出具消防验收报告、人防工程完工并验收合格、完成人防实测。上述事项完成后，可向当地区级工程建设项目审批服务办公室按照要求准备申请材料，开始办理消防验收。由于本项目人防工程前期已申请集中在二期项目中集中建设，在“多诺合一”告知承诺书文件中已获得批准，因此提供此项文件后，本次消防验收不涉及人防工程相关事项。

本项目办理消防验收申请需登录济南政务服务一网通，进行临时赋码申报。赋码完成后进行联合验收网上申报流程申请，上传各项验收资料扫描件，纸质原件同步提交受理窗口（见表4-9）。

表4-9 消防验收需提交材料清单

序号	材料名称	份数	形式（核对原件）	审查要点（复印件加盖公章及骑缝章）
1	建筑工程先期联合验收申请表	1	纸质原件及原件电子扫描件	（1）建设单位法人代表签字并加盖公章（如委托人签字需提供委托书）。（2）相关参建单位（建设、监理、设计、施工、技术服务机构）应加盖公章，测绘单位盖资质章。（3）申请表填写内容需与图审、证照、审查意见等内容一致
2	“多测合一”测量成果（含建设工程竣工规划测量成果、防空地下室竣工测量成果）	1	纸质原件（含电子光盘）及原件电子扫描件	（1）测绘成果加盖测绘院资质章。（2）电子光盘包括测绘技术图纸及成果报告。（3）由“多测合一”系统共享
3	工程竣工验收报告（附《建设工程竣工验收消防查验报告》）	1	纸质原件及原件电子扫描件	（1）参照官网（济南市住房和城乡建设局）附件格式，按申报工程编制工程竣工验收报告（附件5）和建设工程竣工验收消防查验报告（附件6）（消防产品证明文件需提供电子版的光盘）。（2）需加盖建设、设计、施工、监理、技术服务机构单位公章并签字
4	涉及消防的建设工程竣工图纸	1	纸质图纸及电子光盘	（1）提交审查合格的加盖建设单位公章的建筑总平面图及各层平面纸质图纸和设计变更图纸。（2）设计消防的全套电子图纸jpg格式，含经图审机构审查的加盖建设单位公章的全套竣工图纸

续表

序号	材料名称	份数	形式（核对原件）	审查要点（复印件加盖公章及骑缝章）
5	人防工程质量监督报告（含人防工程竣工验收报告）	1	纸质原件及原件电子扫描件	由人防质量管理中心共享获得
6	报验项目工程规划许可证、施工许可证、防空地下室建设许可证	1	纸质原件及原件电子扫描件	系统共享，如无人防工程应提供防空地下室易地建设许可证
7	施工单位出具的人民防空工程竣工图纸及图纸光盘	1	纸质版原件及电子光盘	加盖竣工图章及设计院公章
8	建筑工程竣工验收报告	1	纸质版及电子版	复印件加盖建设单位公章，并带原件进行核验，仅联合申报建筑工程竣工验收备案时提供
9	《济南市建设工程施工图设计文件综合审查合格书》及图审面积审核表（系统共享）	1		复印件加盖建设单位公章，并带原件进行核验，仅联合申报建筑工程竣工验收备案时提供

准备验收资料需注意以下几点：验收申请表填写内容需与图审合格证、工程规划许可证、审查意见等内容完全一致，特别是项目名称、规划性质、结构类型、装修面积（包含地面、墙面、屋顶等区域面积）。验收资料审核完毕后组织现场验收（6~8 人专家团队），出具整改意见。根据专家意见整改后，组织二次现场验收。根据现场验收情况再次整改或验收通过。

现场验收注意事项如下：

（1）验收现场相关消防设计单位、施工单位、消防施工单位、技术服务单位、消防监理单位负责人须到场，无法到场必须出具纸质授权委托书。

（2）现场防火封堵应全部完成。

（3）现场各项防火材料应提供检验报告。

（4）防火窗、防火玻璃应准备好相关材料，并应满足消防要求。

（5）现场施工完成，消防联动调试完成。

（6）现场各项风机及电机的软连接均应满足防火需求。

（7）走廊所设玻璃隔断应满足防火需求。

三、规划核实验收

规划核实验收与消防验收申请同时提交，均属于先期联合验收的一部分，书面资料审核完毕后组织现场验收。规划核实验收现场主要核实建筑单体、建筑外立面是否与规划设计一致，机动车与非机动车数量是否与报审设计一致。

本项目验收过程中出现颐养中心与医院之间规划设计非机动车停车位变更为绿化景观带，污水处理站与消防水池实际建设布局与规划设计出现偏差，经提交相关情况说明后予以通过。

四、建筑节能分部工程专项核实验收

建筑节能分部工程专项核实表是作为本项目建设工程文件归档的建筑节能分部工程质量验收记录及综合验收备案的必备资料。

新建民用类建设项目，建设单位在取得建筑工程施工许可证后，主动与建筑节能部门进行对接并做登记备案。建筑节能核实验收主要包括建筑节能专项核实、绿色建筑专项核实、装配式建筑专项核实、可再生能源生活热水专项核实、公共建筑节能监测系统专项核实、高品质建筑建设项目专项核实。上述专项验收不涉及的部门无须验收，本项目无装配式建筑专项核实和高品质建筑建设项目专项核实。

建筑节能核实部分工作需前置进行，一般包括以下内容：

（1）建设单位在办理施工许可证后 60 日内，向当地建设管理部门提交图纸审查文件并做登记备案。

（2）工程墙体未进行墙面抹灰隐蔽处理前，提出第一次工程查验申请并提交所有墙材核实资料，资料查验合格后进行现场墙材核实。

（3）工程墙体保温系统未施工前，提出第二次工程查验申请并提交所有保温核实资料，保温材料合格进场复试报告等资料查验合格后进行现场保温核实，核实合格后方可进行保温施工。

（4）工程门窗及太阳能热水系统施工完成后，提出第三次工程核实申请并提交所有门窗及太阳能热水系统核实资料，资料查验合格后进行现场门窗及太阳能热水系统核实。

（5）工程全部完工后，提出第四次工程查验申请并提交所有绿色建筑、公共建筑节能监测系统核实资料，资料查验合格后进行现场绿色建筑、公共建筑节能监测系统核实。

各专项验收流程与注意事项如下：

A. 绿色建筑专项核实：绿色建筑专项涵盖内容广泛，需准备自评报告，建议由主管单位推荐专业第三方公司准备。验收资料准备完成后由第三方公司申请现场验收。验收资料清单如表 4–10 所示。

表 4–10　验收资料清单

类别	序号	资料名称
证件	1	立项审批文件
	2	规划证（用地规划证、建设工程规划证）
	3	图审合格证
	4	施工许可证
	5	环评报告（表）
前期	6	可能涉及污染源、电磁辐射、土壤氡危害的，相关检测报告或论证报告
	7	报规文本（需有建筑效果图）
	8	地勘报告
	9	日照分析报告

续表

类别	序号	资料名称
设计	10	施工图纸：带经济指标的总平面图
	11	施工图纸：建筑施工图
	12	施工图纸：结构施工图
	13	施工图纸：给排水施工图
	14	施工图纸：暖通施工图
	15	施工图纸：电气施工图
	16	结构计算书、计算文件
	17	暖通负荷计算书（含水力平衡计算书）
	18	建筑节能计算书（含防结露验算、隔热性验算、内部冷凝验算）
专项设计图纸	19	精装图纸（公区、户内）
	20	景观专业施工图（总平、绿化、园建、水电、大样）
	21	海绵城市设计施工图（包括海绵城市验收报告）
	22	中水站施工图（工艺、土建、水电）
	23	市政施工图（综合管线）
	24	换热站施工图（工艺、土建、水电）
合同	25	预拌混凝土、混凝土采购合同
	26	预拌砂浆采购合同
BIM	27	BIM 模型资料（需落实，包括设计、施工、运维那些阶段）
造价	28	工程量清单（土建、安装），带价格

续表

类别	序号	资料名称
产品形式检测报告	29	安全玻璃测检验报告、《建筑用安全玻璃》（GB 15763—2001）
	30	卫生器具产品说明书、检测报告（节水等级）
	31	主要保温材料、砌块节能认证备案证书、检测报告
	32	外窗节能认证证书
	33	外窗性能检测报告（气密、水密、抗风压性等）
	34	幕墙发射比检测报告、《玻璃幕墙光热性能》（GB/T 18091—2015）
	35	照明产品检测报告、《灯和灯系统的光生物安全性》（GB/T 20145—2006）
	36	照明灯具形式检测报告
	37	暖通空调系统设备 IPLV、APF、SCOP 证明材料，能效铭牌
	38	风机、水泵能效铭牌
	39	电梯、自动扶梯型式检测报告
	40	室内外地面防滑材料测试报告、《建筑地面工程防滑技术规程》（JGJ/T 331—2014）
	41	装修材料出厂检测报告(包括但不局限于石膏板、水泥、大理石、刨花板、内墙漆、玻化微珠等)
绿色建材报告	42	《绿色产品评价　防水与密封材料》（GB/T 35609—2017）
	43	《绿色产品评价　涂料》（GB/T 35602—2017）
	44	《绿色产品评价　纸和纸制品》（GB/T 35613—2017）
	45	《绿色产品评价　陶瓷砖（板）》（GB/T 35610—2017）
	46	《绿色产品评价　人造板和木质地板》（GB/T 35601—2017）

续表

类别	序号	资料名称
第三方现场检测报告	47	电磁辐射检测报告或论证报告
	48	空气检测报告
	49	土壤氡含量检测报告
	50	水质检测报告（可用同一水源邻近项目一年以内的水质检测报告），《生活热水水质标准》（CJ/T 521—2018）
	51	建筑照明检测报告：照度、照度均匀度、照明功率密度、显色指数、色温、炫光等
	52	室外场地声环境检测报告
	53	室内噪声检测报告、《民用建筑隔声设计规范》（GB 50118—2010）
	54	构件隔声检测报告、《民用建筑隔声设计规范》（GB 50118—2010）
	55	楼板撞击声检测报告、《民用建筑隔声设计规范》（GB 50118—2010）

现场验收重点检查内容如下：

①院区路面铺装完成。

②院区景观绿化完成（非应季植被不用种植）。

③海绵城市相关工程完工，下凹绿地、透水铺装清晰。

④室外管网施工完成，井盖到位，无地面孔洞，绿化灌溉设施安装完成，中水管路安装完成。

⑤地上设施安装完成（如自行车棚、健身器材、健步走道等）。

⑥院区内无建筑垃圾、施工机械等。

⑦建筑保温装饰完工，立面整洁，无吊篮、脚手架等施工机具。

⑧太阳能安装完成，集热器、水箱、管路均安装完成，铭牌和能效标识牌清晰。

⑨变压器安装完成，变压器铭牌清晰；配电柜安装完成，所有电表均已安装。

⑩给水泵房、中水站、换热站设备安装完成，铭牌清晰，所有水泵均悬挂能效标识牌（二级能效），控制系统安装完成。

⑪地下车库地面粉刷完成，各类管路安装完成，管道上的标识清晰（如管道上标的“给水”“消防”等字样）。地下车库照明安装完成，如果有照明智能控制，需能现场演示。

⑫管道井内安装完成，水表、热表清晰可见。供水管路不超过 0.2 MPa 的减压阀清晰可见。

⑬公共区域照明安装完成，并能实现智能控制。建筑内门厅、走廊、楼梯间必须有感应控制或分时控制设施，并能现场演示功能。

⑭户内装修完成，乳胶漆、壁纸、地砖、门、门套、橱柜均整洁。

⑮卫生器具安装到位，管路全部安装完成，节水标识牌清晰。

⑯空调内外机安装完成，铭牌和能效标识牌清晰。

⑰开关插座面板均就位，墙面无裸露孔洞。

现场验收后，根据专家意见进行整改，整改完成后根据实际情况进行二次现场验收或书面验收，最终验收完成后出具专项验收专家意见。

B. 公共建筑节能监测系统专项核实：公共建筑节能监测系统调试完成需向市级住建局主管部门申请政府能耗监测平台接入密匙。接入后连续稳定上传 30 天（不允许有中断），方可进行验收。

现场验收需准备公共建筑节能监测数据质量自评报告、公共建筑节能监测数据稳定上传承诺书、建筑供配电系统现场统计表、建筑用电分项计量监测与低压配电柜（箱）回路对应关系统计表、数据采集器 – 配电柜 – 计量表对应关系表（模板）、建筑用电分项监测回路图、其他能源供应系统现场计量点统计表等纸质资料，上述资料均由主管部门提供模板。竣工验收结束后，建设方填写公共建筑节能监测项目核查申请表报送市住建局。市住建局现场核实后，签署核查意见，形成公共建筑能耗监测专项核实表。

C. 建筑节能专项核实验收：以书面审查为主，验收资料包括验收表、图审合格证、设计图纸、热工计算书、墙体材料、保温材料、窗户复试报告。要求相关建筑图纸设计与现场施工保持一致，实际施工过程中变更部分需提供图纸变更会审记录。建议相关验收资料提交前进行自查，提前将图纸变更会审记录补齐。审查过程中针对缺失资料会出具缺失清单，要求进行补充。

D. 可再生能源生活热水专项核实验收：以书面审查为主，验收资料包括验收表、施工图纸、热水系统竣工验收报告、四方确认安装方案验收意见、产品检测报告、复试报告、现场安装照片（见图4-67）、施工合同、供货合同，集中式热水系统还需提供试运行报告。本项可由热水系统安装单位直接对接主管单位组织验收。

1.1 集热器安装

主楼　裙楼

1.2 储热水箱

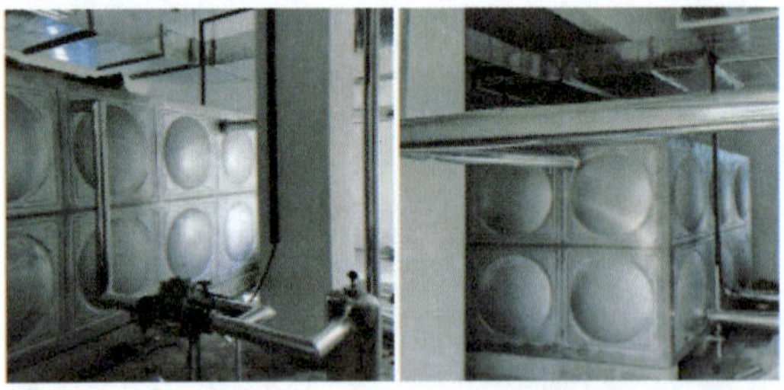

主楼　裙楼

1.3 燃气热水器

主楼　裙楼

1.4 循环泵

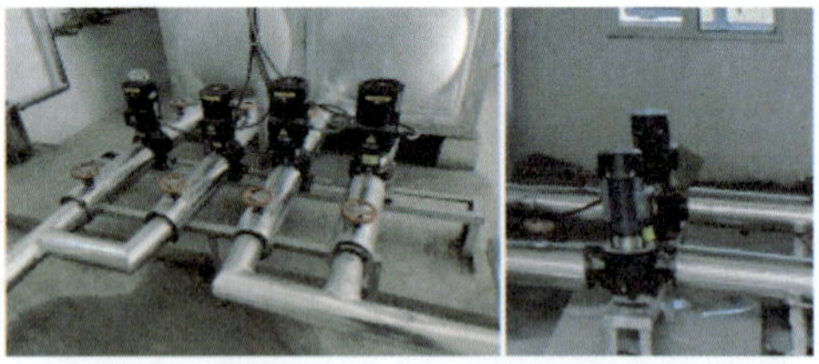

主楼　裙楼

1.5 控制系统

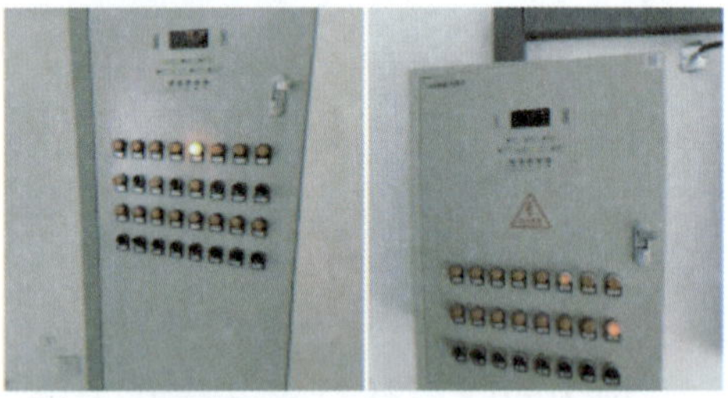

主楼　裙楼

1.6 水箱自洁器

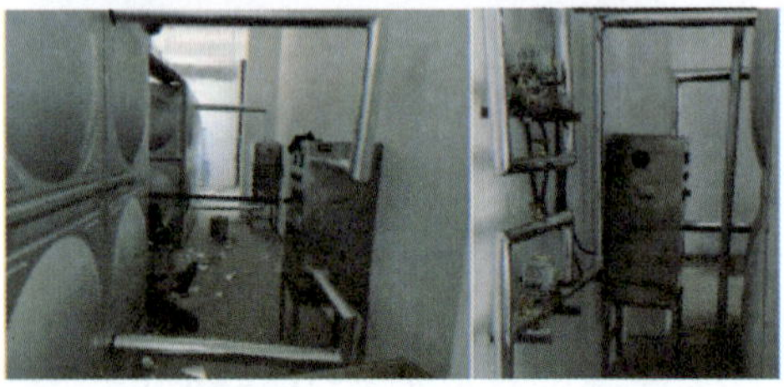

主楼　裙楼

图 4-67 现场安装照片

五、室外海绵城市验收

室外海绵城市验收由建设单位申请市海绵办，组织设计单位、监理单位、施工单位现场验收，根据现场验收意见整改通过后提交海绵档案资料归档。验收主要包括以下内容：

（1）具体验收内容：海绵城市专项概算，海绵城市专项预算编制及落实情况，工程技术档案和施工管理资料是否齐全，项目所包含海绵设施专项核查是否达到相应规范，海绵城市控制指标达标情况。

（2）归档资料：具体资料根据海绵档案资料目录提交。

工程准备阶段文件：勘查、设计文件，招投标文件，工程建设基本信息。

监理文件：监理管理文件、进度控制文件、质量控制文件、监理验收文件。

施工文件：施工管理文件、施工技术文件、进度造价文件、施工记录文件、施工质量验收文件、施工验收文件。

施工图：海绵城市竣工图。

验收阶段：竣工验收与备案文件、工程声像资料。

海绵城市验收注意事项如下：

（1）室外景观与海绵城市在设计前应进行综合考虑，避免现场施工错误。

（2）现场按照海绵城市相关规划设计施工，且施工完毕。

（3）相关透水砖、透水混凝土应提供相关资料。

（4）雨水收集装置应安装完毕，且达到可使用状态。

（5）下凹绿地已施工完成。

六、清欠验收

工作要点如下：

第一，工程竣工备案工程款支付情况审核表（一式 3 份）；工程项目名称写明单体，反面为施工企业出具的无拖欠工程款证明、施工企业出具的无拖欠农民工工资证明，盖施工企业公章。

第二，建设工程施工合同第一部分合同协议书、第三部分专用合同条款（总包合同、分包合同原件及复印件各 1 份，复印件需加盖公章）。

第三，工程结算备案单（原件及复印件各 1 份，复印件需加盖公章）。

第四，总包和分包工程款发票复印件（1 套），发票每张复印件须加盖施工单位财务章；第一页将发票票号、开票时间及数额列明细并汇总，加盖双方公章及财务章。

注意事项：支付情况达到 97% 以上，方可办理。如施工单位结算中包含甲供材，甲乙双方须出具甲供材证明，并提供甲供材结算值及甲供材发票（要求同工程款发票）。所有提供的复印件均需加盖单位公章。

七、水土保持验收

办理机构：当地水务局。

办理依据：《水土保持法》《山东省水土保持条例》。

申请材料：水保方案及批文、最终版总平面布置图、发改委核准文件、规划局批复文件、土地证、水保补偿费缴纳发票、渣土办结函或购土合同、绿化苗木清单、盖章文件（验收申请）、分部工程验收签证、单位工程验收鉴定书、施工日志（大事记）、监理日志（大事记）、项目竣工决算审核报告（包括与水保措施相关的分部分项工程清单与计价表、单位工程结算价汇总表、全费用综合单价结算汇总表、材料汇总表）。

其他设计报告及批复文件（环评报告、地质灾害）、其他变更文件（项目或单位名称等，有则提供）也应提供。

办理程序如下：

（1）承办人员视情况征求有关市县水利局意见，根据听证、现场核查、专家技术评审和征求意见等情况，拟定初审意见。

（2）首席代表对承办人员初审意见进行审核并签发《准予水行政许可决定书》或《不准予水行政许可决定书》。

（3）排版、盖章，窗口发文。

八、污水排放许可证

工程竣工后主动对接当地区级审批服务部门、城市管理项目审批服务部门申请污水排放许可证办理，申报材料包括：排水许可申请表，排水户内部排水管网、专用检测井、污水排放口位置和口径的图纸及说明，隐蔽工程竣工报告等材料，按规定建设污水预处理设施的材料，排水质量、水量书面承诺；列入重点排污单位名录的排水户应当提供已安装的主要水污染物排放自动监测设备有关材料。本建设项目不属于重点排污单位。

办理流程为先行向城市管理项目审批服务部门申请资料清单，纸质原件提交受理窗口进行审核，同步准备原件及扫描件，根据要求发送至邮箱或提交窗口，材料审核完毕后组织现场查验。根据检查意见整改，验收通过，制发排水许可证。

本项目作为济南高新区首个医院排污许可单位，整体办理较为顺利，仅提出污水排放管井内存在少量杂物的问题需清理整改，整改完成后即通过并颁发污水排放许可证。

第五章

投入运营：医院及颐养中心前期筹备

在医养结合体工程建设施工的同时，运营筹备工作同步进行。在项目立项之后，运营筹备应同时启动。机构正常运营所需要的设施、设备和人才队伍的筹备都需要一段较长的准备时间。机构的实际运营者应该在前期规划设计中介入，以保障建筑规划、科室（部门）规划设置等尽可能地符合后期使用要求，减少改建、改造带来的经济损失和时间延误。

在政府主导的 PPP 项目中，社会资本方一般介入较晚。其实作为项目入库的基本前提，初步规划设计已经完成。在这种情况下，社会资本方在初步接触政府方时，应尽早与政府方讨论前期规划设计方案，能尽早调整的事项应尽早着手准备。

第一节　医院的运营筹备

新建医院的运营模式分为两大类：一类是由产权所有者自己组建队伍运营，另一类是托管运营。在本项目实施过程中，山东健康集团凭借丰富的医疗资源和医院经营经验，采取了自组团队运营的模式。

一、医院开业前工作

医院的开业前工作主要包括工程施工建设、工程验收、人员队伍搭建、医疗设备进场、建章立制、经营成本核算、绩效考核方案制订、信息化、市场调研、业务开展、机构形象设计、后勤管理以及各类开业证件、手续办理等方面。其中，前期人才招聘、储备与培训和医疗设备的采购安装这两项工作周期较长，需要尽早开展。

二、医疗中心前期人才招聘、储备与培训

新建医院的人员建设主要包括领导班底、行政职能科室和医疗卫生团队。医院的领导班底一般由上级主管部门委派。行政职能科室需要在医院成立之后建立，所以在职能科室建立之前，医院人员的储备和招聘工作只能由医院的筹建团队来负责。

（一）职能科室

行政职能科室的建立对医院后续工作的开展有极大意义，没有这些职能科室，其他工作就无法开展。对于职能科室的建立，可通过社会招聘组建各科室的负责人队伍，继而由科室负责人完成对本部门普通职工的招聘。一般而言，比较重要的职能科室是医务科、护理部、医院感染管理办公室、设备科等。在招聘过程中，这些科室负责人要优先到位（见表 5–1）。

表 5–1　医院开业推进图示例

序号	项目	分项		工作要点
1	工程方面	室外	其他室外工程	综合管网、道路、绿化、铺装、院墙
			南大门	交警开口方案编制审核，园林、市政审批
			消防工程	室外消防管网、消防室内综合调试、消防水池室内外装修
		体检科改造		二层墙体改造，体检精装修
		室内剩余工程		净化区域尾工
		卫生清理		楼内粗保洁、精保洁、外墙清理
		市政	电	医院双回路供电系统
			水	医院市政供水工程，要点：换正式水表
			气	燃气工程，要点：协调燃气公司
			热力	市政供暖工程，要点：协调热力公司安装换热站设备
		固话		医院固定电话系统，要点：协调联通公司
		监控		医院监控系统，要点：医疗设备进场前投用
		污水处理		医院污水处理工程
		接驳工程		雨污接驳工程
		发热门诊		临建设施，医院开业必须有独立的发热门诊

续表

<table>
<tr><th>序号</th><th>项目</th><th colspan="2">分项</th><th>工作要点</th></tr>
<tr><td rowspan="7">2</td><td rowspan="7">工程验收方面</td><td colspan="2">消防</td><td>盖章图、审出图、竣工图，先期联合验收</td></tr>
<tr><td colspan="2">电梯</td><td>特检验收整改，特检标志</td></tr>
<tr><td rowspan="3">环保</td><td>设备</td><td>园区内预评</td></tr>
<tr><td>整区（医疗方面）</td><td>大型设备的控评</td></tr>
<tr><td>工程</td><td>厂区内环保检测验收</td></tr>
<tr><td rowspan="2">五方验收</td><td>资料</td><td rowspan="2">综合验收、质安检、先期验收</td></tr>
<tr><td>图纸</td></tr>
<tr><td rowspan="7">3</td><td rowspan="7">人员方面</td><td colspan="2">结构确定</td><td>××× 人招聘方案</td></tr>
<tr><td colspan="2">学生（× 人）</td><td>检验 × 人、药学 × 人、影像 × 人、信息 × 人、病案 × 人</td></tr>
<tr><td colspan="2">××× 人员</td><td>× 人</td></tr>
<tr><td rowspan="4">住宿问题</td><td>宿舍及设备</td><td>职工宿舍</td></tr>
<tr><td>超市及物业</td><td rowspan="3">超市、简餐厅、健身房、瑜伽室、物业运营单位到位，通勤线路有公交车，可以满足通勤需要</td></tr>
<tr><td>后勤</td></tr>
<tr><td>通勤</td></tr>
<tr><td rowspan="9">4</td><td rowspan="9">医疗设备方面</td><td rowspan="2">一般设备</td><td>上线</td><td rowspan="2">已经备货完成，根据现场情况进场，陆续跟进部分进口设备备货情况</td></tr>
<tr><td>正常使用</td></tr>
<tr><td rowspan="2">办证设备</td><td>到货时间</td><td rowspan="2">办证急需设备：集团已安排相关公司对接采购事宜，近期完成采购</td></tr>
<tr><td>管理</td></tr>
<tr><td rowspan="4">大型设备</td><td>DSA（菲利普）</td><td>现阶段设备正在生产加工</td></tr>
<tr><td>中端 CT（菲利普）</td><td>现阶段设备正在生产加工</td></tr>
<tr><td>高端 CT（西门子）</td><td>现阶段设备正在生产加工</td></tr>
<tr><td>磁共振（GE）</td><td>现阶段设备正在生产加工</td></tr>
<tr><td colspan="2">办公家具</td><td>已定稿最终方案，安排样品生产及下单排产工作</td></tr>
</table>

续表

序号	项目	分项		工作要点
5	建章立制方面	组织架构		已完成，在筹备办公室备有电子版
		流程目录		公共部分已完成，各专业流程有待完善和添加，××× 前完善
		岗位职责		已完成，在筹备办公室备有电子版
		培训方案		公共部分已完成，各专业流程有待完善和添加，××× 前完善，以后持续增加
		组建计划		已完成，在筹备办公室备有电子版
6	经营绩效方面	绩效	分阶段制定	×× 月初，确定医院开业前、医保开通前、医保开通一年内的阶段绩效考核方式，进入正常运营期后根据运营情况再制定绩效考核办法
		经营	成本核算体系	×× 月中旬，梳理各阶段成本核算要点，随后实时进行成本数据分析，逐步建立成本核算体系
7	信息化方面	基础信息系统的建立		××× 个系统
		配合人员		× 人
		上线设备	大型设备	安装，调试，对接业务系统
			其他	安装，调试，对接业务系统
		外部接口	医保	购买第三方软件，确定接口文档，对接业务系统
			银医通	确定接口文档，对接业务系统
8	市场营销方面	营销人员招聘		智联招聘优秀人才或者猎头挖掘优秀人才和团队，××× 以前完成
		开业前宣传		×× 月中旬以后开始筹划，尤其是 ××× 开始全方位宣传，以后持续多途径工作推进
		市场调研		××× 以后品牌运营部成立到开业前为第一阶段，以后持续调研

续表

序号	项目	分项	工作要点
9	形象展示方面	楼体标识	设置于楼体上的医院名称方案确定、制作安装
		标识标牌、胸牌	室内外标识系统方案确定、制作安装
10	各类证件方面	医疗机构执业许可证	资产评估报告 ×× 月底完成，人员证件及设备 ×× 月初到位，预计于 ×× 月 ×× 日提交申请
		放射诊疗许可证	×× 月初完成预评报告，×× 月初完成控评报告并提交验收申请，预计于 ×× 月底拿到许可证
		健康体检登记备案	拿到《医疗机构执业许可证》后一周内完成备案
		其他证件	拿到《医疗机构执业许可证》逐步完成备案
11	后勤方面	物业	×× 月 ×× 日完成基础服务人员的进驻，后期医院根据实际情况进行人员的增减工作
		食堂	×× 月完成竞争性磋商文件，×× 月启动竞争性磋商，×× 月前完成食堂服务单位进场
		职工宿舍超市	由某运营超市，超市预计 ×× 月具备使用条件
		停车管理	×× 月完成竞争性磋商文件，×× 月启动竞争性磋商，×× 月前完成停车服务单位进场

续表

序号	项目	分项	工作要点
12	其他方面	救护车	资料申请，专家现场验收。前期对接急救中心，根据需求准备资料和现场设备。取得医疗机构执业资格证后开始办理，一个月内办理完成
		医疗垃圾处置	医疗机构执业许可证办结，医院实体成立后立即开始对接公司，××× 前签署协议
		氧气	医疗机构执业许可证办结，医院实体成立后立即开始对接公司，××× 前签署协议并备货
		药品	医疗机构执业许可证办结，医院实体成立后立即开始对接公司，××× 前签署协议并备货
		手术辅料等	医疗机构执业许可证办结，医院实体成立后立即开始对接公司，××× 前签署协议并备货
		运营委托协议	已完成运营协议的初稿，尽快对接高新区发展保障部，对协议内容进行洽谈、协商
		社区洽谈	对接 ××× 卫生健康办公室、××× 社区卫生中心洽谈具体融合方案
		理事会章程	已完成初稿，对接 ××× 卫生管委会，对协议内容进行洽谈、协商

（二）医疗卫生团队

医疗卫生团队是医院人才工作的关键所在。医疗卫生团队又分科室带头人和普通职工。不管是公立医院还是私立医院，科室带头人都是稀缺人才，会得到医院的极大重视。这也意味着，这部分人才的流动性不强，很难在短时间内完成招聘工作。另外，科室带头人的确定也需要格外慎重，因为科室带头人的水平将在很大程度上决定一个科室的发展空间。因此，针对科室带头人的人才储备，应该在医院项目确定之初就开始大范围地进行联系和寻觅。

对于普通的护士、技师，相对而言可以在较短时间内通过社会招聘完成人员建设工作，可以相对较晚启动。

另外需要注意的是，一些特殊单元的科室负责人需要在医院筹建过程中提前到位，比如检验科、手术室、放射影像科、导管室、内镜室、透析室和产房等。相对于普通标准病区而言，这些特殊单元设备的安置和摆放有特殊要求，需要专业的人才确定。

（三）后备人才储备

校园招聘也是医院人才建设的重要渠道。值得注意的是，校园招聘应该更倾向于招聘有潜力、可培养的后备人才。在新建医院的初始阶段，新毕业的学生很难在岗位上独当一面，且他们能胜任的岗位往往需要的人员数量不多，而且通过社会招聘更容易获得更成熟的人才。

（四）系统内部人才选聘

如果新建医院的所有者背后有医疗系统作为支撑，那么系统内部的人才选聘可以成为社会招聘和校园招聘强有力的补充。一般而言，在系统内部，科室带头人往往也是稀缺人才，所以在社会招聘能够满足新建医院人才需求的情况下会慎重启动。

（五）管理制度的完善和培训工作

医院的管理制度相对统一，且已经非常成熟。新建医院在基本的管理制度上，结合自身的具体情况再加以完善即可。这部分工作可以在学科带头人到位之后，由其根据部门具体要求去细化和完善。

新建医院的培训至关重要。由于团队是全新的，不仅需要专业技能达到要求，也需要在培训过程中促进磨合，使团队步调一致，配合默契，从而提升部门整体的专业水准。同时在培训和磨合中，一定会发现医院业务运行的问题。可通过“发现问题→解决问题→提升水平”的路径来提升运营水平。

三、医疗设备采购与安装

医疗设备包括大型医疗设备和其他医疗设备。除了基本的配置方案确定、招标、采购和备货等流程，大型医疗设备还需要一些专门的手续，在安装和环评方面也有特殊要求。

以本项目为例，在筹建过程中，因为医院的建设期较为紧张，后续的准备工作就需要有条不紊地同步跟进。医疗设备作为诊疗工作的核心组成，涉及种类较多，品种较杂，金额较大。面对设备采购经验不充足、采购程序不熟悉、采购资金自筹困难较大等客观难点因素，公司及时明确切入点、抓住重点、击破难点。

（一）方案确定

设备的方案确定流程为：医院定位→集团旗舰“医养结合”项目→发展特色服务型专科，实施差异化发展战略→确定科室类型→确定设备初步方案→集团内部各医院专家论证设备方案→整理确定最终的设备方案。

其中，大型医疗设备的配置方案涉及多学科，且学科交叉、复杂、知识密集，资金投入较大，运营成本高。购置时应当进行更加充分和有效的论证，在满足临床实际需求的同时，兼顾医院的可持续发展需求，实现医疗资源的最优化配置。

这部分的具体工作内容主要包括：

（1）根据医院定位，调研市场上的大型设备品牌。

（2）联系融资租赁公司，由其联系品牌厂家进行产品配置介绍及参数整理。

（3）根据厂家的参数配置，通过济南各大医院的专家进行参数论证。

（4）调研各大医院对于各个品牌设备的使用反馈，确定最终入围品牌。

（5）确定配置方案。

在确定大型医疗设备配置方案时，还要提前做好配置名额申请工作。根据规范要求，大型乙类设备（如 64 排以上 CT、核磁共振设备、DSA 等）在采购前，需要办理《医疗设备配置许可证》。简单来说，就是政府部门针对大型医疗设备，按照医院规模、距离、城市配套等综合因素实行统一调配配置的管理。允许配置后，医院才能自行采购。配置指标每年都是由省到市，再下发到区。采购大型医疗设备要及时和分管卫健的政府部门实时对接，跟进配置名额的申请。

确定大型医疗设备的配置方案时，要注意这样几个问题：大品牌的产品各有特色，需要根据医院科室特色设置来确定；根据医院定位及方向确定特色科室，确定设备配置方案，并充分听取调研各大医院、设备专家的意见，依据产品性价比择优选择。比如，本项目属于医养结合项目，在设备配置方案中就要特别考虑老年人的需求。

（二）设备方案细化、价格估算

借助集团医院的经营使用经验，确定医院各科室的设备配置明细。整合专家意见及设备市场调研、设备市场使用反馈，汇总各种设备的市场占有率较高的品牌，为设备采购提供有力的依据和方向。依据设备品牌市场价格，估算出设备价值。

针对医疗设备价值较高、资金占用较大的实际问题，集团通过融资租赁公司提供资金支持。通过租赁方式采购设备，即融资租赁公司依据院方要求采购设备后，租赁给医院，医院按照五年二十期返还租赁费。此举为医院的设备采购减少了资金占用，大大缓解了医院初期运营的资金压力。

设备价格依据进口品牌估算，但国产品牌近几年发展也较为迅速。在实际采购过程中，依据医疗专家经验，国产品牌与进口品牌结合采购，为医院设备采购提供采购灵活性的同时，也节省了设备采购成本。

（三）医疗设备招标与采购

对于大型医疗设备之外的医疗设备，招标与采购工作依据医院开业“先急后缓”的原则，展开设备招标采购程序。

（1）组织专家进行设备品牌型号参数的论证。在此过程中，专家会根据院方的需求、使用经验、市场反馈情况来建议设备招采的品牌。融资租赁公司依据设备的品牌范围进行厂家的联系确定工作，然后进行价格谈判，明确设备各品牌的招标控制价格。依据科室建设的实际要求、各个设备品牌的优劣势、价格优势综合考虑选择最合适的医疗设备，确定最终的招标参数（见图 5-1、图 5-2）。

（2）招标代理公司根据确定的招标参数进行网上公示（20 个工作日）。

（3）公示期后，招标代理公司组织报名的单位进行投标。

医疗设备的种类、品牌较多，价格参差不齐，专业性很强，使用者也有不同的使用习惯等，因此在选择品牌和型号的时候，要充分了解科室使用人的意见。在整个谈判、招标过程中，要让科室负责人参与全过程，这样采购的设备才能充分融合各方面的因素，采购到符合医院要求的医疗设备。

在招标过程中，如果出现意外情况（围标、招标专家偏向某品牌设备、中标价格较高等），中标设备不能满足院方要求，可以现场要求代理公司进行处理。若结果不能满足要求，建议废标，重新组织招标。中标设备的功能、价格必须满足院方需要。

另外，由于医疗设备种类多、数量大、金额高，因此采用公开招标形式进行采购。采购前期，根据医院实际需求，分科室、分类型对设备汇总、分类、整理，并分批召开专家论证会分析设备参数，采用错峰穿插方式进行一次公告分包（标段）招标，确保参数确定后立即发布招标公告。

关于大型医疗设备的招标，在本项目中，筹建部门组织济南各大医院的医疗设备专家前后进行了 5 次论证，按照医院的定位，特色科室确定最终参数。

（四）大型医疗设备备货、安装与环评

大型医疗设备一般的备货周期为 3 ～ 4 个月，招标完成后应及时联系厂家备货，充分考虑各种因素，确保医院正式运营前安装到位。由于大型设备主要是进口设备，因此应充分考虑各种复杂情况，比如疫情及国家政策的影响因素等。在签订合同的时候，应充分考虑各种因素，并且明确条款。

大型设备安装比较复杂，需要工程各个工种的充分配合。招标工作完成后，应该联系中标单位现场考察，考虑各种因素；综合各个设备厂家意见，进行土建安装的工作落实。另外，要召开现场技术会议，确定最终优化设计图纸，并按要求落实土建安装总包的优化整改。

特别要注意的问题是，各个大型设备场地还包含附属设备的安装（如屏蔽

工程、DSA 天轨吊架），也需要配合施工；在合同内容中要明确附属工程在各个设备厂家施工范围内，做好总包工程的配合协调。

序号	科室名称	设备用途	设备名称	设备规格	设备数量（台/套/张）	品牌	备注
一	呼吸内科	门诊设备	运动肺功能检测仪		[illegible]	[illegible]	
			便携式睡眠机		[illegible]	[illegible]	
			雾化泵（雾化治疗室）		[illegible]		
			过敏原检测仪		[illegible]		
			呼吸机		[illegible]	[illegible]	
			监护仪	T5	[illegible]		
			纤维支气管镜		[illegible]		
			无创通气呼吸机		[illegible]	[illegible]	
			中心吸引器				
			心电图机		[illegible]		
			血糖仪		[illegible]	[illegible]	
			血气分析仪（便携式）		[illegible]		
			电子血压仪		[illegible]		
			吸痰器		[illegible]		
			测体重、身高设备		[illegible]		
			抢救车		[illegible]		
			输液泵		[illegible]	[illegible]	
			气压治疗仪		[illegible]		增加
			输液车		[illegible]		
			空气消毒机				每个房间1台

图 5-1 所需医疗设备配置及品牌价格表截图

序号	科室名称	设备用途	设备名称	设备规格	设备数（台/套/张）	价格（元）	总计	品牌	备注
1	呼吸内科	门诊设备	运动肺功能检测仪		1	[illegible]	[illegible]	[illegible]	
2	消化内科	内镜设备	消化内窥镜系统		[illegible]	[illegible]	[illegible]		
3	普通外科	内镜设备（ERCP）	腹腔镜系统		1	[illegible]	[illegible]		
4	神经外科		神经外科显微镜		1	[illegible]	[illegible]	[illegible]	
5	胸外科		胸腔镜系统		1	[illegible]	[illegible]		
6	妇产科	门诊	宫腔镜影像系统		1	[illegible]	[illegible]	[illegible]	
7	眼科	门诊设备	免散瞳眼底照相机		1	[illegible]	[illegible]	[illegible]	
			眼前节照相系统		1	[illegible]	[illegible]	[illegible]	
8	耳鼻喉科	耳科设备	前庭功能检查、耳声发射仪、眼震检查仪		1	[illegible]	[illegible]		
			纯音测听+声导抗检查仪		1	[illegible]	[illegible]		
		鼻科设备	电子内窥镜系统（鼻咽喉镜）		1	[illegible]	[illegible]		
		咽喉科设备	电子动态频闪喉镜		1	[illegible]	[illegible]		
9	口腔科	基本设备	口腔全景CT(放在放射科)		1	[illegible]	[illegible]	[illegible]	
10	感染性疾病科	肠道门诊设备	乙状结肠镜		1	[illegible]	[illegible]	[illegible]	
11	麻醉科	手术间设备	多功能麻醉机		[illegible]	[illegible]	[illegible]	[illegible]	
			胆道镜		1	[illegible]	[illegible]		
			腹腔镜系统		1	[illegible]	[illegible]		
			胸腔镜系统		1	[illegible]	[illegible]		

图 5-2 所需设备配置及品牌价格表（单价 50 万元以上）截图

四、医院信息化工程

医院信息化工程包含软件信息化以及硬件智能化。软件信息化包含医院信息管理系统、电子病历系统、检验实验室系统、检查影像系统、移动医护系统、手术麻醉系统、临床药学系统、病案管理系统、临床服务系统、挂号检查预约系统、患者自助挂号收费系统、统一支付对账系统、电子签章（CA）、医院信息集成平台等业务系统。硬件智能化包含综合布线系统、计算机网络系统、语音电话系统、综合管网系统、电梯五方电话系统、有线电视系统、信息发布系统、入侵报警系统、视频监控系统、时钟系统、电子巡更系统、一卡通系统、分诊叫号系统、医疗护理系统、停车管理系统、无线对讲系统、建筑设备管理系统、能耗系统、多媒体会议系统、广播系统、医废管理系统、云桌面系统、UPS 系统、网络安全系统、私有云平台、智能建筑集成管理等智能化系统。

（一）信息化工程调研

2022 年 1 月，经过现场勘探，电信项目经理发现项目现场不具备实施入场的条件，问题如下：

（1）医院门诊主体大楼尚未施工完成，不具备进场实施条件。

（2）院方尚未有医务人员在项目现场，并且信息科主任尚未明确，医院业务流程以及科室人员调研工作无法开展，不具备业务流程调研工作的开展条件。

（3）前期软件信息化尚未分配办公场地，工程师无法现场开展工作。

（4）服务器资源以及云桌面资源尚未分配，无法进行业务系统部署工作。

（5）医院业务系统基础数据（科室、人员、药品、医保等数据）短时间内无法提供。

电信项目经理与工程部沟通后，确定需要的协助资源如下：

（1）需要协调一位资深信息科主任到项目现场协助电信项目经理开展工作。

（2）需要协助电信项目经理解决软件信息化工程师办公场地问题。

（3）需要协助电信项目经理协调硬件智能化工程师解决软件信息化办公场地没有内外网的问题。

（4）需要协助电信项目经理协调服务器厂家以及云桌面厂家对软件信息化工作的支撑。

（二）前期的准备工作

医院建设初期，科室人员配备不足，为确保医院如期运营，需要组建项目委员会，负责项目相关决策、医院内部资源协调工作。

项目委员会需提供以下内部资源推进软件信息化工作：信息科主任（协助明确现有医院业务流程）、收款处主任（明确挂号收费流程）、住院处主任（明确出入院流程）、医务科主任（门诊、住院医生工作站流程调研、确认工作，提供科室人员信息和权限）、药剂科主任（明确药库、药房流程）、门诊部主任（明确门诊预约流程）、医保办主任（明确医保流程）、护理部主任（协助护理流程调研以及流程确认）、检验科主任（明确检验流程）、检查科主任（明确相关检查，如 CT、放射、磁共振、胃肠镜等的流程）、体检科主任（明确体检流程）等内部资源的协调工作。

除信息化系统的流程确认工作外，项目委员会还需要协助厂商完成基础数据准备以及报表、单据的核对工作。

不同科室的基础数据以及报表单据根据医院实际情况有所不同，通用指标如下：

（1）待准备的基础数据：人事工号和名单 / 科室、药品基础数据、财务相关数据（收费大项目、发票项目、核算项目、医保收费项目及组合项目）、职工权限、处方权限、抗生素等级及相关数据、诊断代码、手术麻醉、检验检查申请单、临床路径、床位代码、固定项目、病区单据、医嘱执行频次设置、剂型用法、临床项目设置、检验检查项目、体检项目等基础数据。

（2）待核对的报表：门诊、住院、药库、药房、收费处、临床路径、病历质控、抗菌药物、病区日清单、病区总清单等报表。

（3）硬件智能化入场实施的条件：医院门诊主体大楼完成施工、网络规划完成对接、服务器及云桌面资源完成对接、场地满足无尘环境（部分硬件需要无尘环境安装）等条件。

（三）方案的确定

由于新建医院信息化工程建设过程中会存在业务系统多而杂、资源短缺、基础数据不足、实施周期短、医务人员配备不齐全等通用问题，所以需要结合医院实际建设情况制订对应的解决方案并逐个突破，医院方配合厂商自上而下做好资源协调、需求调研、问题评估、任务拆分、责任到人，以里程碑、节点产出物、问题完成时间节点的形式去分阶段规划（见图 5-3）。

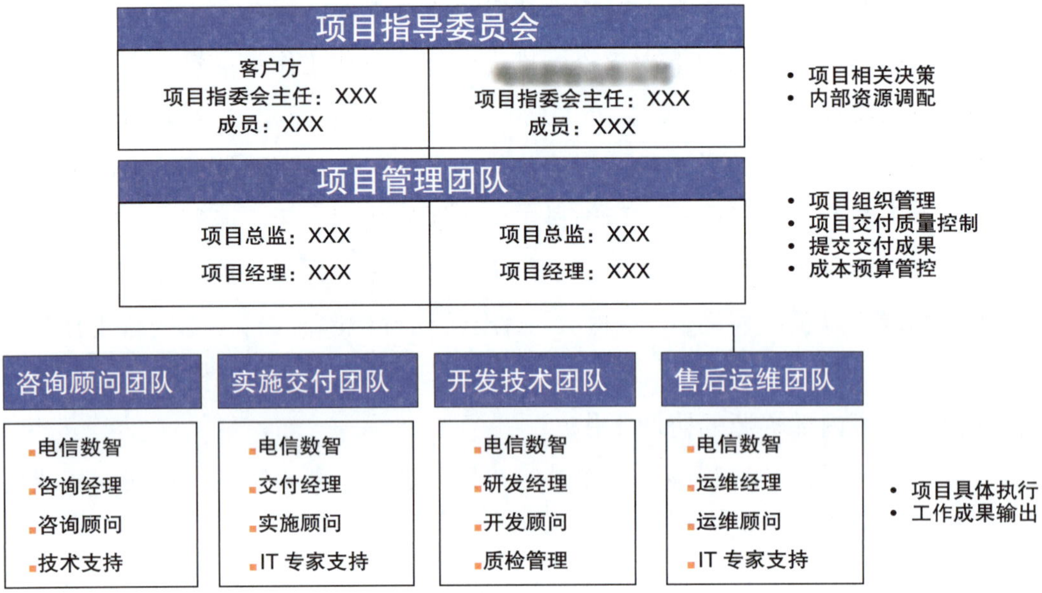

图 5-3 项目委员会标准流程图

医院软件信息化系统规划按照国家电子病历四级以及互联互通四甲的标准去建设，需在此基础上结合医院当前的实际建设情况来确定项目实施主流程：项目启动、环境搭建→范围确认、实施计划→软件、接口、报表准备→数据准备、培训准备→硬件准备、模拟上线→上线部署、正式上线的最终实施方案。其中为确保医院的日常运营，先确保医院门诊业务的上线工作，后续上线住院业务以及医院信息集成平台，完成全院软件信息化的实施工作。

硬件智能化工程按照智慧医院三级等级标准规划，并结合医院前期工程尚未完成收尾的实际情况来明确项目最终实施流程：勘查现场、出设计图→方案审核、上报图纸→项目启动、环境搭建→范围确认、实施计划→网络规划→无尘设备安装→上线部署的最终实施方案。

为满足软件信息化系统的入场实施工作，智能化工程首先必须完成机房工程、私有云平台、云桌面系统、计算机网络等系统的实施工作。医院信息化工程必须采取 WBS 工作分解结构的形式来规划项目实施的总体计划，以确保项目实施的进度、质量。

（四）信息化工程展示

相关信息化工程如图 5-4 至图 5-28 所示。

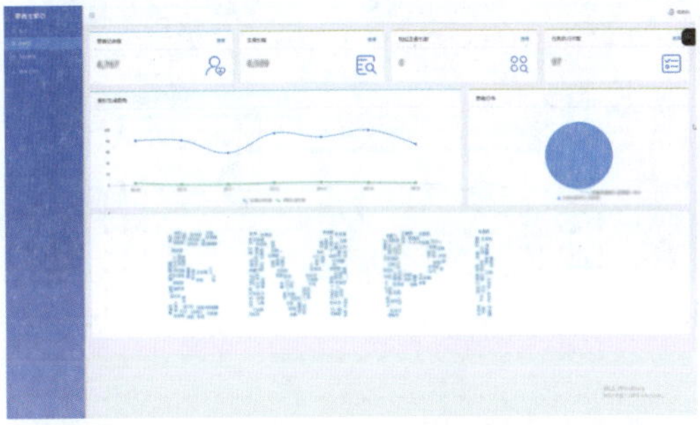

图 5-4　主数据管理系统

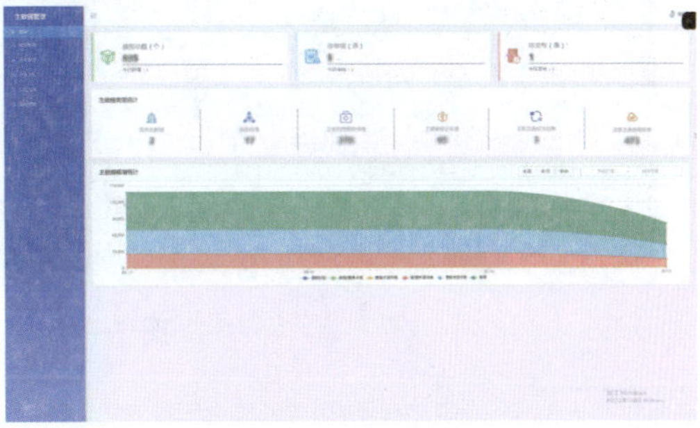

图 5-5　主索引系统

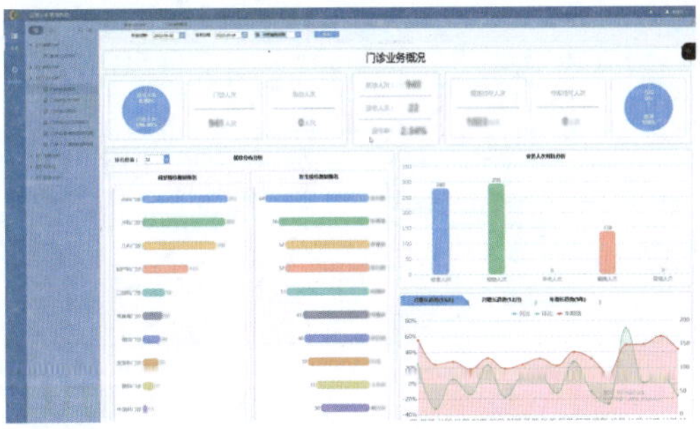

图 5-6　运营决策分析系统

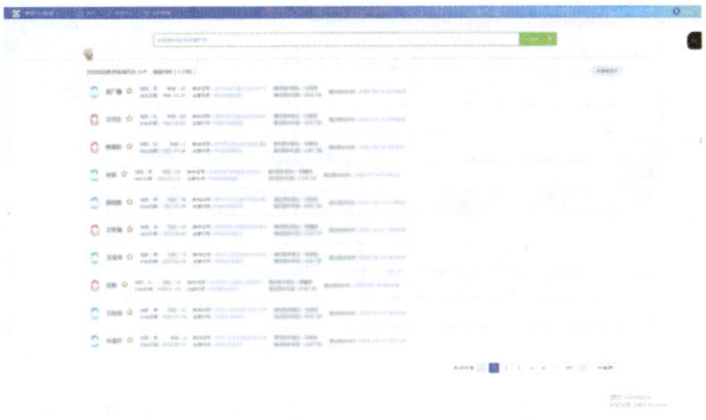

图 5-7　患者 360 视图

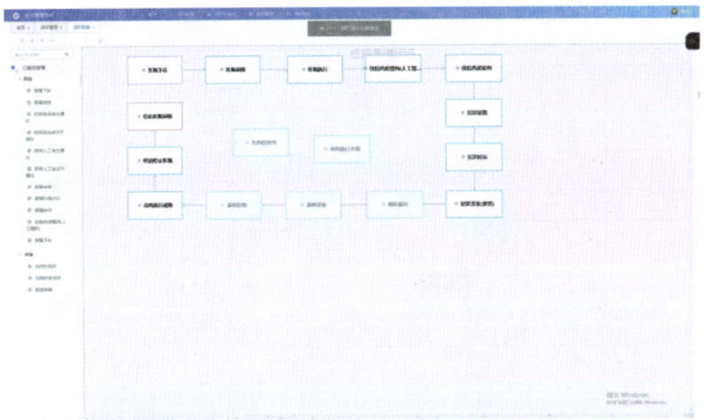

图 5-8　闭环管理系统

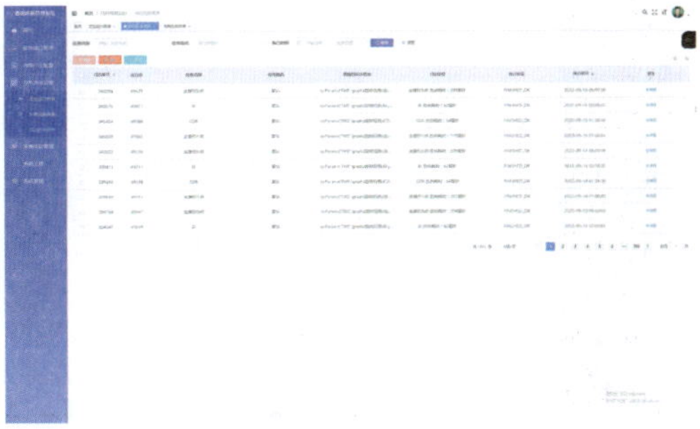

图 5-9　数据质量管理系统

图 5-10 门诊大屏系统

图 5-11 医院信息管理系统（HIS）

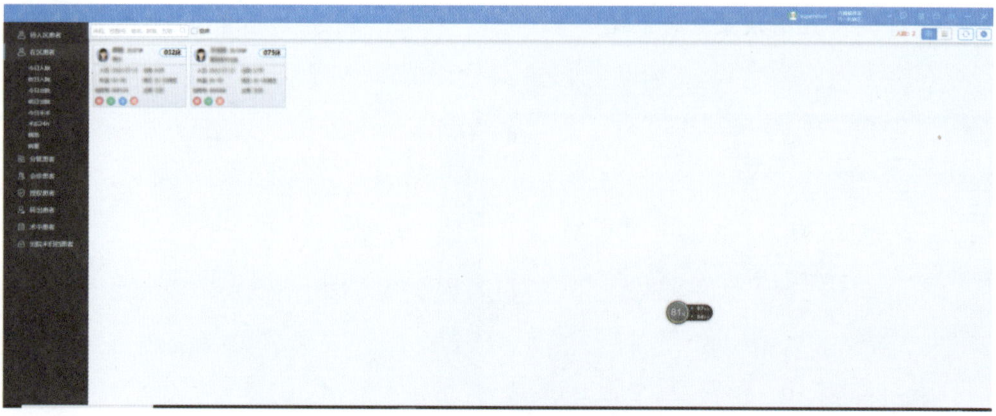

图 5-12 住院医生站

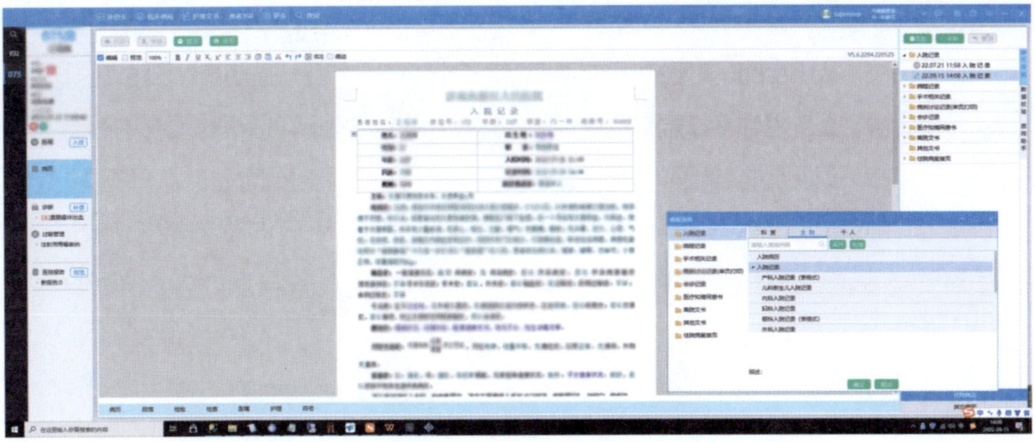

图 5-13　电子病历系统（EMR）

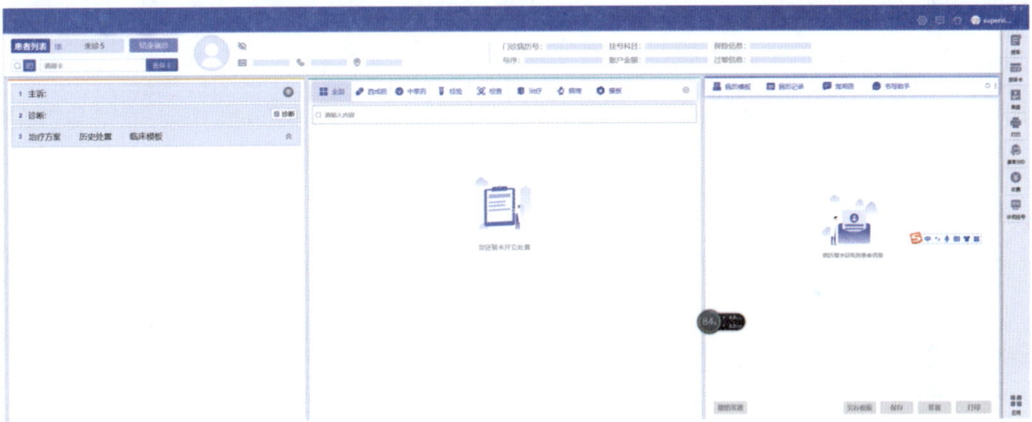

图 5-14　WINEX 门诊医生站

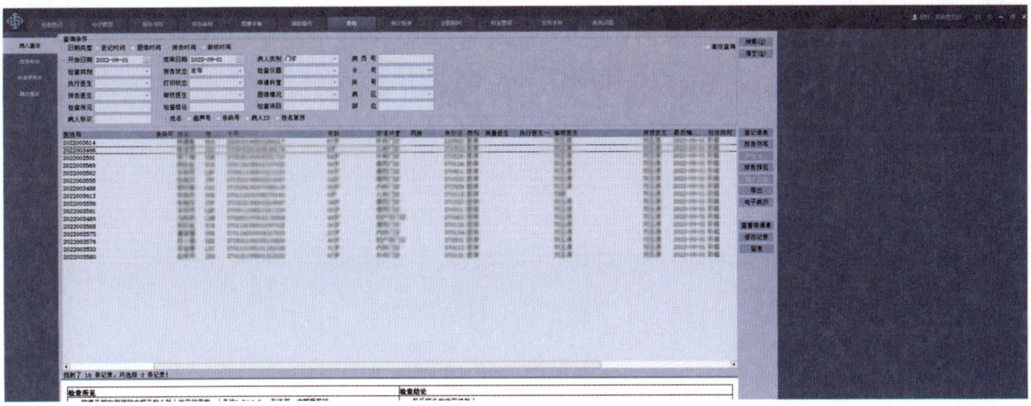

图 5-15　检查影像系统

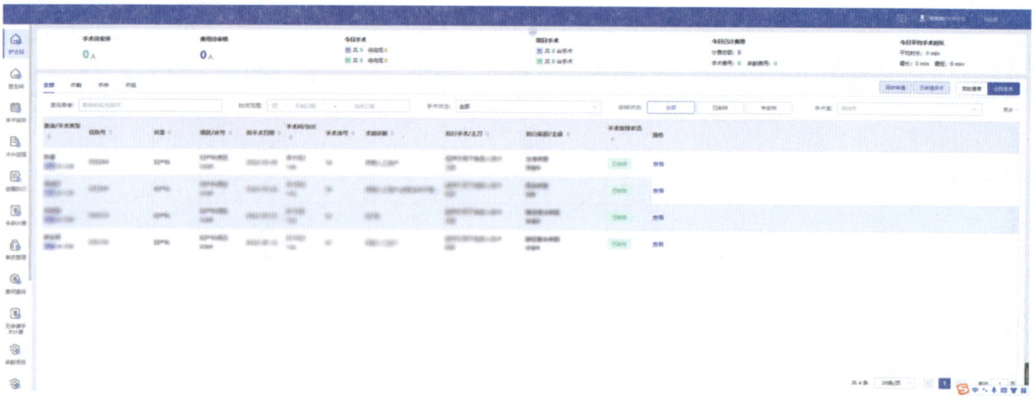

图 5-16 手术麻醉系统

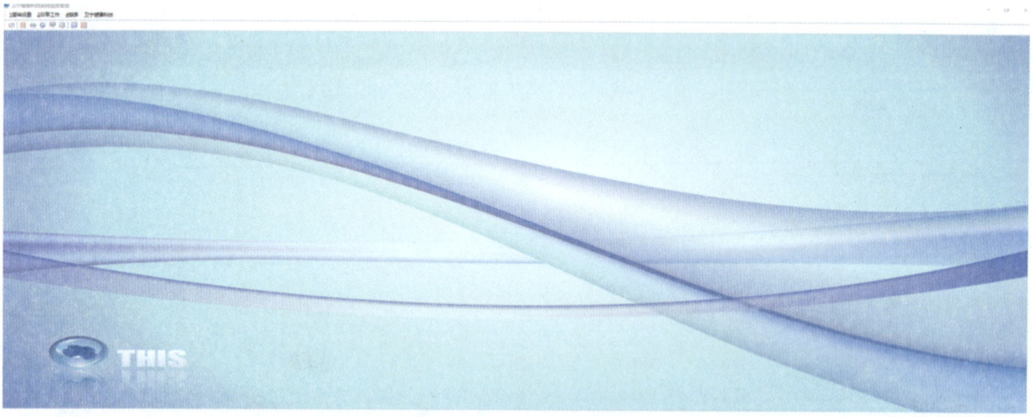

图 5-17 输液中心

图 5-18 病案系统

图 5-19　医院感染信息系统

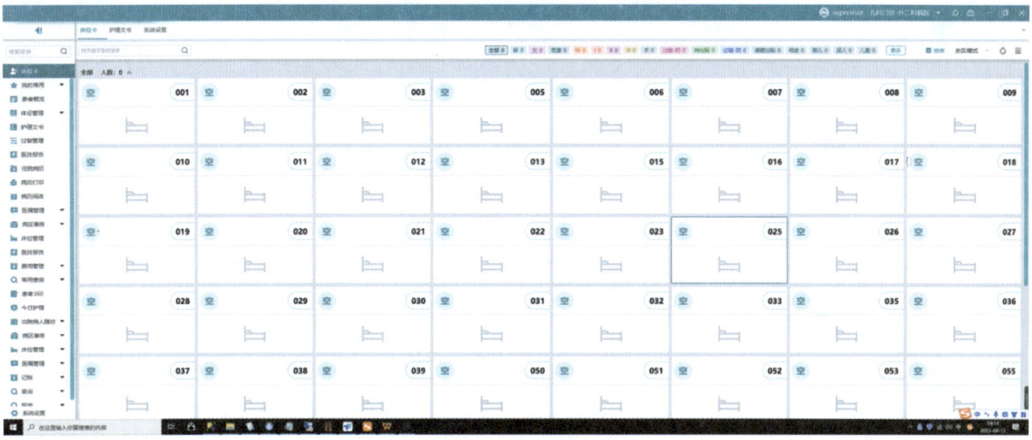

图 5-20　护理信息系统

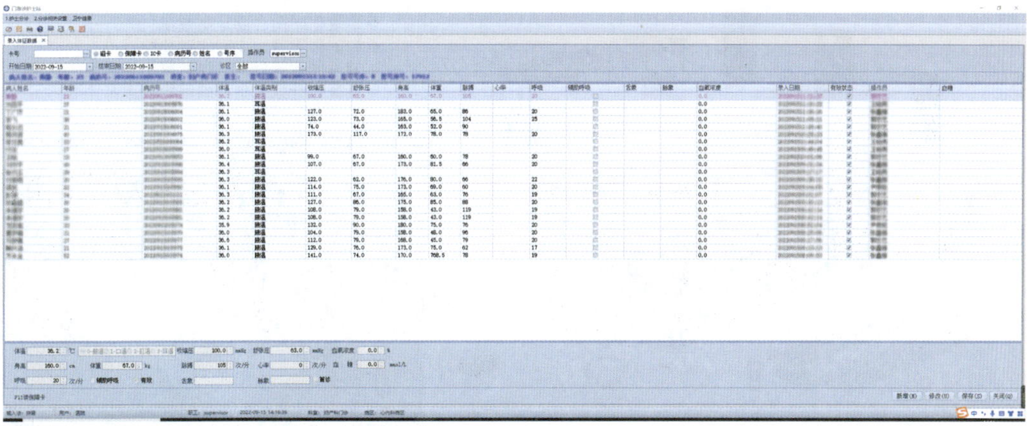

图 5-21　门诊护士系统

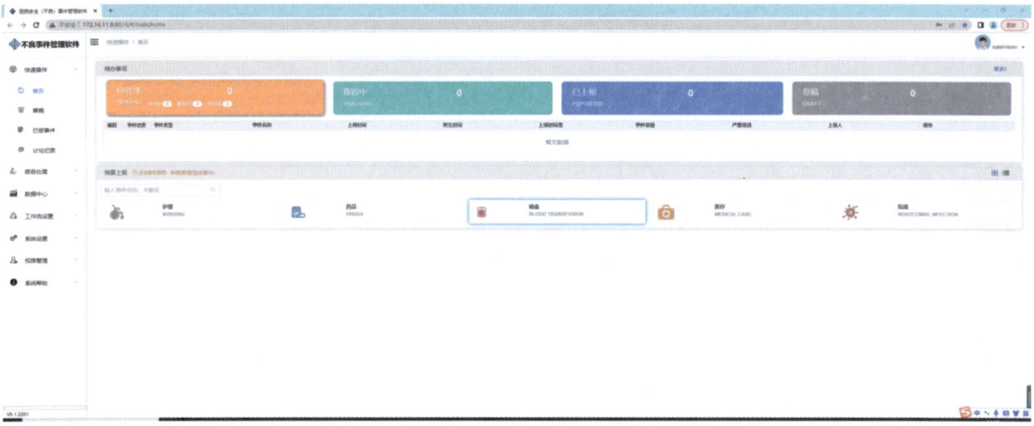

图 5-22 不良事件系统

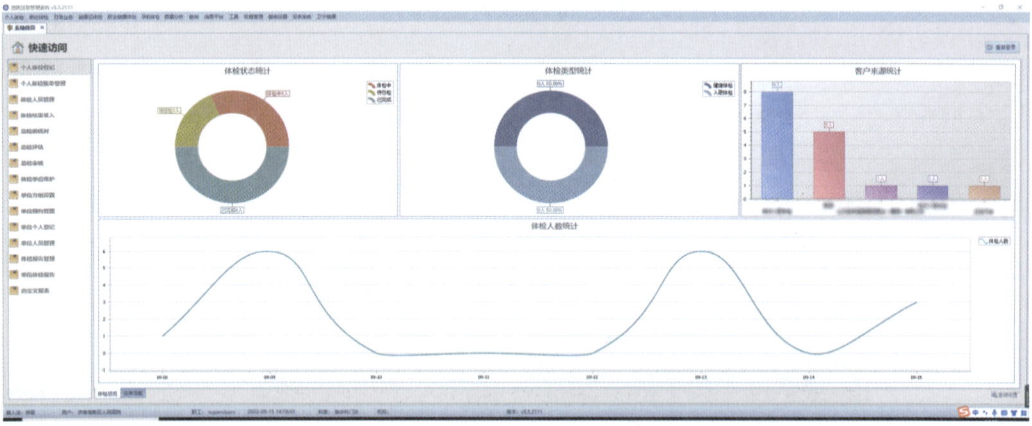

图 5-23 体检系统

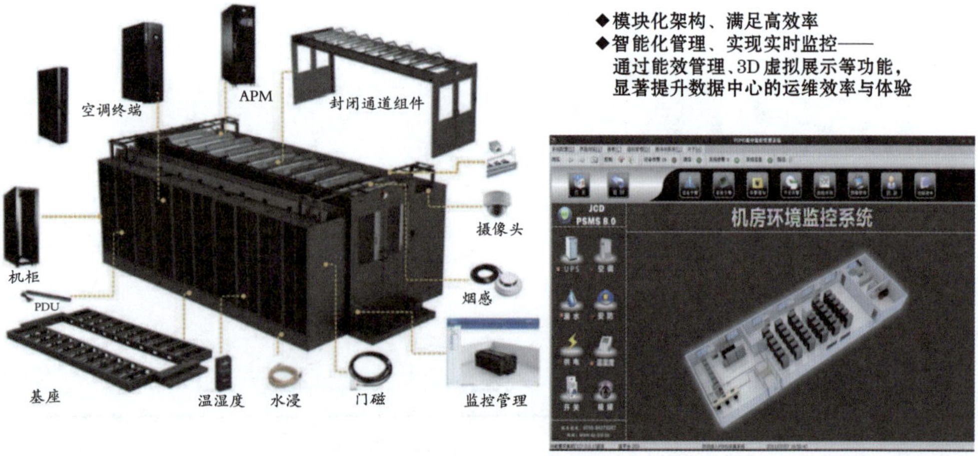

图 5-24 UPS 系统统一检测

图 5-25 医护白板

图 5-26 智慧门诊

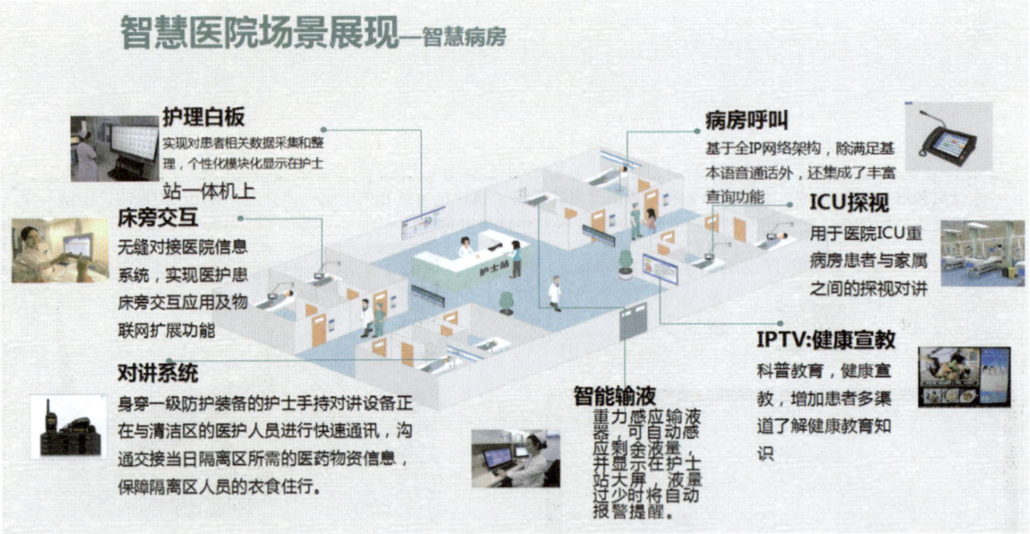

图 5-27 智慧病房

图 5-28 智慧停车系统

（五）信息化工程运维

医院信息化工程正常运行离不开完善的运行机制。信息化工程运营后，需要从对系统管理员的管理、对用户的管理和对数据的管理几个方面出发，分别制定相应的管理运行机制，从而确保系统运行的安全性、稳定性和可靠性。

通过制定严格可行的执行管理制度，明确系统管理员的工作内容和工作职责，使系统维护工作日常化、制度化。

系统中包含了大量重要的基础数据和业务数据，不同用户在系统中操作的内容不同。通过系统用户管理，对不同用户对数据的操作方式和使用权限进行严格控制。同时，还充分利用操作系统、数据库、网络设备等提供的安全管理功能，配置合适的系统安全策略。

数据是信息系统运转的基础和成果，通过建立严格的数据备份机制，并根据数据类型的不同，制订合适的数据备份策略。业务数据的备份周期要短，基础数据的备份周期可以长一些。

本项目服务启动后，需要长期进行维护。在系统建设投入使用后，由社会厂商配合医院信息科负责系统的维护工作。

系统维护工作主要包括业务终端设备维护、硬件及系统平台维护、应用软件维护、数据维护等方面（见图 5-29）。

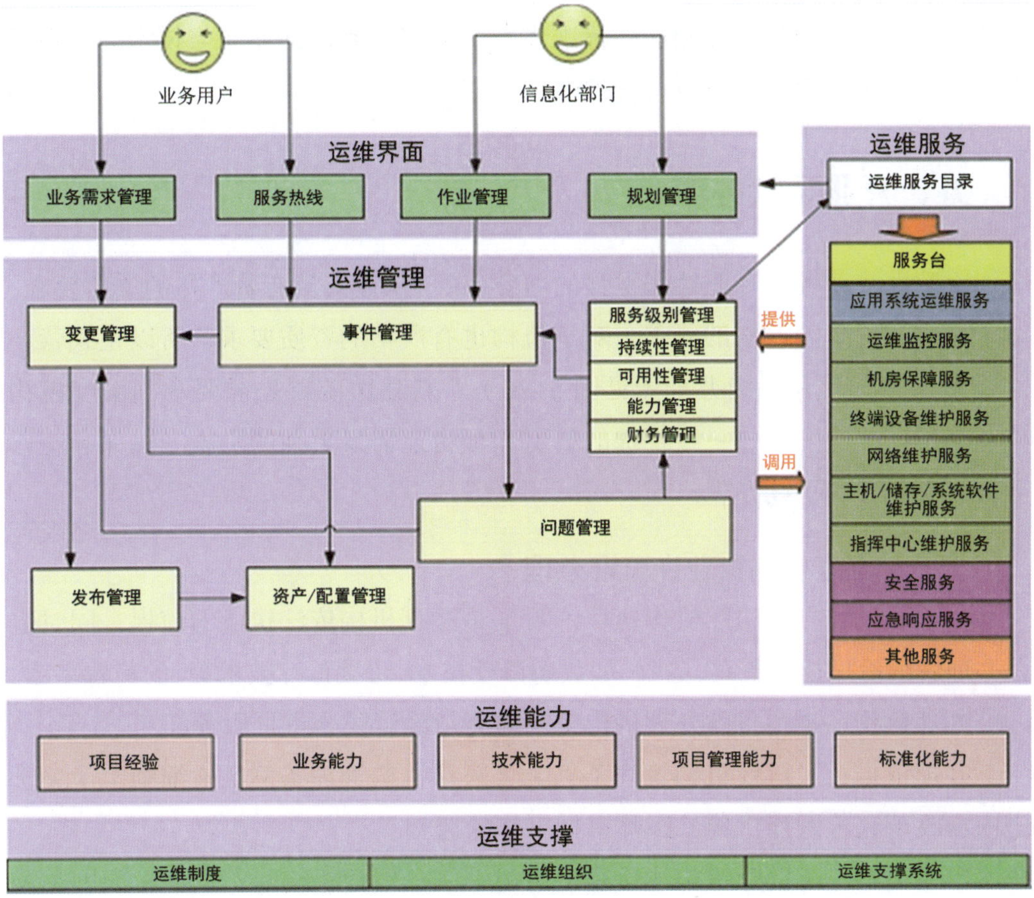

图 5-29　运维管理体系

运维服务管理不同于传统的IT管理的最重要特征在于，它是一种以业务为中心的IT管理，强调IT和业务需求的有效融合，同时注重IT投入的成本和效益。从组织层面上来看，它将政府的IT部门从成本中心转化为服务中心和利润中心；从具体IT运维层面上来看，它不是传统的以职能为中心的IT管理方式，而是以流程为中心，从复杂的IT管理活动中梳理出那些核心的流程，将这些流程规范化、标准化，明确定义各个流程的目标和范围、成本和效益、运维步骤、关键成功因素和绩效指标、有关人员的责权利以及各个流程之间的关系。

结合新建信息化工程项目的特点，运维管理体系设计应重点考虑服务管理信息收集和提取服务质量的管理信息，确定运维服务工作如何达到以合理的成本满足业务部门需求的能力，而不仅仅侧重在监控不同的、孤立的计算机软硬件、网络及数据库等IT部件。此外，采用成熟的、标准化的ITSM知识框架ITIL，可以很方便地创建开放的、关注流程的、以服务质量及客户满意度为准绳的运维服务组织架构和相应的标准体系，最终达到加强业务与技术的内在整合动力、真正实现运维服务可管理的目的。

五、开业手续办理

医院医疗业务是专业性非常强的内容，对于从业人员有着严格的资质要求，对于科室配置有着严格的要求，对于机构也有严格的资质要求，所以正式营业需要繁杂的资质和手续办理（见图5-30）。新建医院首先需要拿到医疗机构执业许可证才能开业，一些特殊的科室和项目还需要单独的资质。医保和急诊等也需要单独的手续办理。

（一）医疗机构执业许可证办理

办理目的：办理医疗机构执业许可证是医疗机构依法执业的前提，同时也是办理后续诊疗技术备案、验收（如放射诊疗技术、母婴诊疗技术等）的前置手续。

办理机构：本项目的办理机构为济南高新区管委会审批服务部。

办理依据：《医疗机构管理条例》《医疗机构管理条例实施细则》《关于进一步改革完善医疗机构、医师审批工作的通知》。

申请材料：《医疗机构注册登记申请书》；医疗机构建筑设计平面图（需标注房间功能及长宽）；医疗机构规章制度目录；法人签字表和任职证明；主

要负责人和法定代表人基本情况表；卫生技术人员名录；开展医疗美容服务的，提供医疗美容科设置情况说明（含组织管理、设施设备、技术水平等）、《医疗美容项目申报表》及医师、护士医疗美容工作培训证明、进修证明；医疗机构用房产权证明或使用证明；租赁合同；门诊部、诊所、卫生所、医务室、卫生保健所和卫生站还应当提供附设药房（柜）的药品种类清单；医疗机构分类登记审检书；开展放射诊疗的，应当按照《职业病防治法》《放射诊疗管理规定》的要求申请并提供职业病危害放射防护预评价报告等有关资料；资产评估机构出具的资产评估报告；医师执业证、资格证、职称证原件及复印件；护士执业证、资格证、职称证原件及复印件；法定代表人（负责人）委托办理的，应提供委托授权书及被委托人身份证明。

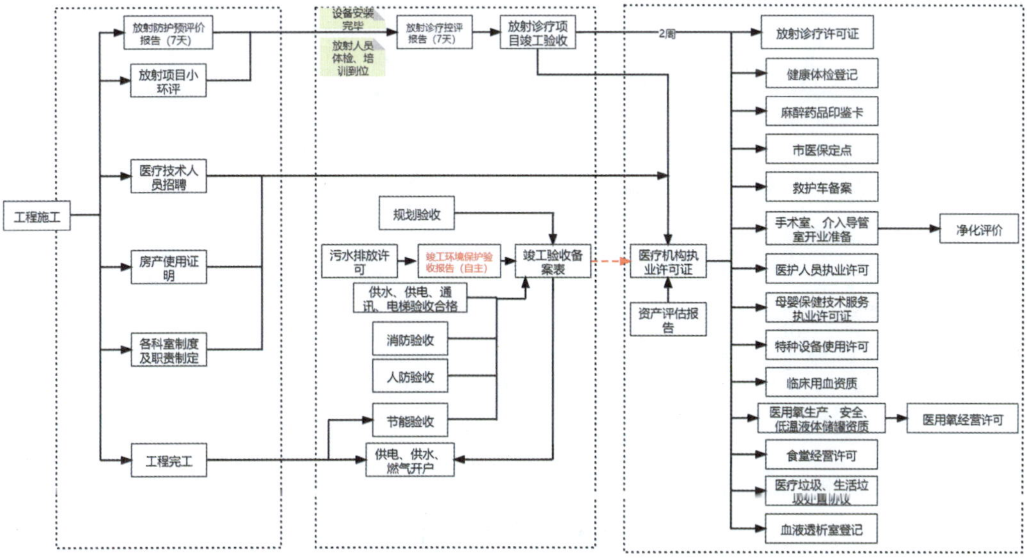

图 5-30　医院开展相关资质申办流程

办理程序如下：

第一，对申请人的材料进行受理。申请人将纸质材料提交至办理窗口，窗口工作人员根据相关法律法规规定对材料进行审核，材料填报完整正确予以受理；材料缺失或不规范不予受理，需补齐补正。材料受理于 1 个工作日内完成。

第二，对申请材料进行审批，对现场情况进行勘验。材料受理后 7 个工作日内，由审批部门组织专家进行现场勘验评定并出具专家意见，对符合勘验规定者出具予以通过的专家意见。

第三，审批部门依法作出决定。对材料完整并符合规定、专家现场勘验符合要求者准予登记注册，并发放《医疗机构执业许可证》。

申请材料准备注意事项：《医疗机构注册登记申请书》（见图 5–31）的模板中附有填写说明，填写时严格按照要求填写。

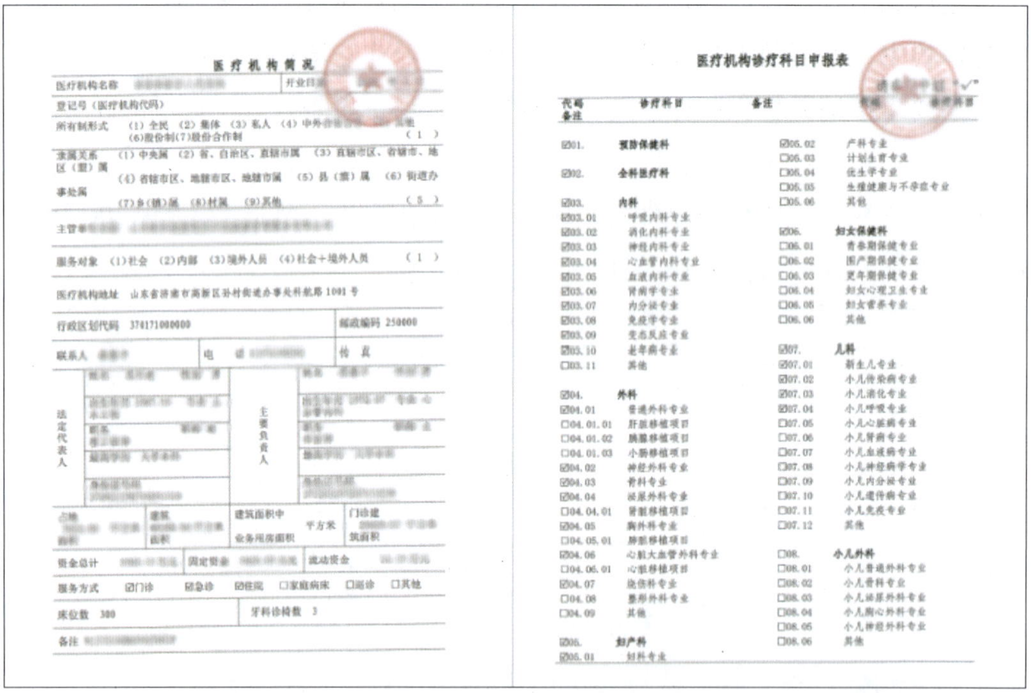

医疗机构简况

医疗机构名称　　开业日期

登记号（医疗机构代码）

所有制形式　（1）全民　（2）集体　（3）私人　（4）中外合资合作　（5）其他　（6）股份制（7）股份合作制　（ 1 ）

隶属关系　（1）中央属　（2）省、自治区、直辖市属　（3）省辖市区、省辖市、地区（盟）属　（4）省辖市区、地辖市区、地辖市属　（5）县（旗）属　（6）街道办事处属　（7）乡（镇）属　（8）村属　（9）其他　（ 5 ）

主管单位

服务对象　（1）社会　（2）内部　（3）境外人员　（4）社会+境外人员　（ 1 ）

医疗机构地址　山东省济南市高新区孙村街道办事处科航路 1001 号

行政区划代码　37417100000　　邮政编码 250000

联系人　　电　话　　传　真

法定代表人　　主要负责人

占地面积　　建筑面积　　建筑面积中业务用房面积　平方米　　门诊建筑面积

资金总计　　固定资金　　流动资金

服务方式　☑门诊　☑急诊　☑住院　□家庭病床　□巡诊　□其他

床位数　300　　牙科诊椅数　3

备注

医疗机构诊疗科目申报表

请在申请栏"√"

代码　诊疗科目　备注

☑01.　预防保健科
☑02.　全科医疗科
☑03.　内科
☑03.01　呼吸内科专业
☑03.02　消化内科专业
☑03.03　神经内科专业
☑03.04　心血管内科专业
☑03.05　血液内科专业
☑03.06　肾病学专业
☑03.07　内分泌专业
☑03.08　免疫学专业
☑03.09　变态反应专业
☑03.10　老年病专业
□03.11　其他
☑04.　外科
☑04.01　普通外科专业
□04.01.01　肝脏移植项目
□04.01.02　胰腺移植项目
□04.01.03　小肠移植项目
☑04.02　神经外科专业
☑04.03　骨科专业
☑04.04　泌尿外科专业
□04.04.01　肾脏移植项目
☑04.05　胸外科专业
□04.05.01　肺脏移植项目
☑04.06　心脏大血管外科专业
□04.06.01　心脏移植项目
☑04.07　烧伤科专业
□04.08　整形外科专业
□04.09　其他
☑05.　妇产科
☑05.01　妇科专业
☑05.02　产科专业
□05.03　计划生育专业
□05.04　优生学专业
□05.05　生殖健康与不孕症专业
□05.06　其他
☑06.　妇女保健科
□06.01　青春期保健专业
□06.02　围产期保健专业
□06.03　更年期保健专业
□06.04　妇女心理卫生专业
□06.05　妇女营养专业
□06.06　其他
☑07.　儿科
☑07.01　新生儿专业
☑07.02　小儿传染病专业
☑07.03　小儿消化专业
☑07.04　小儿呼吸专业
□07.05　小儿心脏病专业
□07.06　小儿肾病专业
□07.07　小儿血液病专业
□07.08　小儿神经病学专业
□07.09　小儿内分泌专业
□07.10　小儿遗传病专业
□07.11　小儿免疫专业
□07.12　其他
□08.　小儿外科
□08.01　小儿普通外科专业
□08.02　小儿骨科专业
□08.03　小儿泌尿外科专业
□08.04　小儿胸心外科专业
□08.05　小儿神经外科专业
□08.06　其他

图 5–31　医疗机构注册登记申请书

现场勘验的注意事项如下：

第一，现场勘验时应确保各科室均有医护人员在岗，专家会根据申报的诊疗科目有针对性地检查，检查项目包括诊室布局、设备配置、人员业务能力、操作规范及科室规章归档情况等，其中对临床科室人员的业务能力会进行理论和实操方面的提问。

第二，针对医院整体的规章制度、应急预案、专门委员会设立情况，会有专人检查，准备材料时可参考模板，但应切合实际。

第三，建议制订长期的人员培训考核计划，尤其针对岗前培训要有计划，并做好培训的记录存档。

（二）开展助产技术服务、结扎手术和终止妊娠手术的医疗保健机构执业许可

办理目的：办理“开展助产技术服务、结扎手术和终止妊娠手术的医疗保健机构执业许可”后，医疗机构内妇产科可开展对应诊疗服务。

办理机构：本项目的办理机构为济南高新区管委会审批服务部。

办理依据：《母婴保健法》《母婴保健法实施办法》《计划生育技术服务管理条例》《母婴保健专项技术服务许可及人员资格管理办法》。

申请材料：母婴保健技术服务执业许可申请表；《母婴保健技术服务执业许可申请登记书》；《医疗机构执业许可证》副本复印件；母婴保健技术服务人员一览表；拟从事母婴保健技术服务相关医务人员的职称证书及执业证书复印件；《母婴保健技术服务可行性报告》；开展母婴保健技术的规章制度。

办理程序如下：

（1）对申请人的材料进行受理。申请人将纸质材料提交至办理窗口，窗口工作人员根据相关法律法规规定对材料进行审核，材料填报完整正确予以受理；材料缺失或不规范不予受理，需补齐补正。材料受理于 1 个工作日内完成。

（2）对申请材料进行审批，对现场情况进行勘验。材料受理后 10 个工作日内，由审批部门组织专家进行现场勘验评定并出具专家意见，对符合勘验规定者出具予以通过的专家意见。

（3）审批部门依法作出决定。对材料完整并符合规定、专家现场勘验符合要求者准予登记注册，并发放证照。

申请材料准备注意事项如下：

（1）《母婴保健技术服务执业许可申请登记书》的模板中附有填写说明，填写时严格按照要求填写。

（2）人员情况除检验、护理、医技科室外，只填写取得《母婴保健技术考核合格证书》的医疗保健技术人员。

（3）从事遗传病诊断、产前诊断的医疗、保健机构和人员，须经省、自治区、直辖市人民政府卫生行政部门许可。从事婚前医学检查的医疗保健机构和人员，须经设区的市级人民政府卫生行政部门许可。申请相应执业许可时需额外提供

对应层级卫生行政部门的批文。

现场勘验注意事项：现场勘验时应确保各科室均有医护人员在岗，专家会根据申报的诊疗科目有针对性地检查，检查项目包括诊室布局、设备配置、人员业务能力、操作规范及科室规章归档情况等，还会进行理论和实操方面的提问。

（三）特种设备使用登记

办理目的：办理特种设备登记是特种设备投入使用的必要前置手续。

办理机构：本项目的办理机构为济南高新区管委会审批服务部。

办理依据：《特种设备安全法》。

申请材料：《特种设备使用登记表》；含有使用单位统一社会信用代码的证明或者个人身份证明；特种设备监督检验证明；产品质量证明书或产品合格证；机动车行驶证（适用于与机动车固定的移动式压力容器）、机动车登记证书（适用于与机动车固定的车用气瓶）；锅炉能效证明文件；定期检验证明；《压力管道基本信息汇总表——工业管道》《气瓶基本信息汇总表》。

办理程序如下：

（1）特种设备使用单位在山东质监特种设备企业端注册账号，填写单位信息，向市场监督管理局提出单位名称注册申请。

（2）使用单位登录系统（见图5-32），填报设备信息，进行注册登记，并提交市场监督管理局审核。

（3）打印好已通过审核的注册登记表，携带特种设备注册相关资料到市场监管局，现场办理使用注册，领取特种设备使用登记证。

图5-32 山东省特种设备企业端管理平台

注意事项如下：

（1）《特种设备使用登记表》是在山东质监特种设备企业端填写的，需通过线上审核后在系统内打印纸质版，一式两份加盖公章。

（2）安全技术规范要求进行使用前首次检验的特种设备，应当提交使用前的首次检验报告。

（3）新投入使用的气瓶应当提供制造监督检验证明，进行定期检验的气瓶应当同时提供定期检验证明。压力管道应当提供安装监督检验证明，达到定期检验周期的压力管道还应当提供定期检验证明；未进行安装监督检验的，应当提供定期检验证明。

（四）血液透析备案

办理目的：完成血液透析备案是正常开展血液透析诊疗技术的必要条件。

办理机构：本项目的办理机构为济南高新区管委会审批服务部。

办理依据：《医疗机构管理条例》《医疗机构管理条例实施细则》《卫生部关于对医疗机构血液透析室实行执业登记管理的通知》。

申请材料：《医疗机构登记备案项目申请书》附表 13-7 血液透析室登记及变更申请表；从事血液透析工作人员名册及相关资质复印件，包括《医师执业证书》《护士执业证书》（已关联电子证照证明，可免提交），技师需提供《专业技术职务任职资格证书》复印件；血液透析室功能区建筑平面图；血液透析室仪器设备清单；血液透析室工作制度、操作规程目录。

办理程序如下：

（1）对申请人的材料进行受理。申请人将纸质材料提交至办理窗口，窗口工作人员根据相关法律法规规定对材料进行审核，材料填报完整正确予以受理；材料缺失或不规范不予受理，需补齐补正。材料受理于 1 个工作日内完成。

（2）对申请材料进行审批，对现场情况进行勘验。材料受理后 5 个工作日内，由审批部门组织专家进行现场勘验评定并出具专家意见，对符合勘验规定者出具予以通过的专家意见。

（3）审批部门依法作出决定。对材料完整并符合规定、专家现场勘验符合要求者准予登记注册，并在《医疗机构执业许可证》上注明可开展血液透析。

申请材料准备注意事项如下：

（1）《医疗机构登记备案项目申请书》的模板中附有填写说明，填写时严格按照要求填写。

（2）人员需要有 3 个月以上的血液透析室工作经验，且需按照透析机数量配备医疗保健技术人员，其中必须有 1 名中级职称以上的肾病专业执业医师。

现场勘验注意事项如下：

（1）现场勘验时应确保科室有医护人员在岗，专家会根据申报的诊疗科目有针对性地检查，检查项目包括诊室布局、设备配置、人员业务能力、操作规范及科室规章归档情况等，还会进行理论和实操方面的提问。

（2）血液透析室应当包括透析治疗区、水处理区、治疗区、候诊区、接诊区、库房和患者更衣室等基本功能区域。各功能区域应当合理布局，必须区分清洁区与污染区，清洁区包括透析治疗区、治疗区、水处理区和库房等，要规划出合理的污物通道。

（五）健康体检备案办理

办理目的：完成健康体检备案后，医疗机构可按照登记的项目提供健康体检服务。

办理机构：本项目的办理机构为济南高新区管委会审批服务部。

办理依据：《医疗机构管理条例》《医疗机构管理条例实施细则》《卫生部关于印发〈健康体检管理暂行规定〉的通知》。

申请材料：《医疗机构登记备案项目申请书》；开展体检服务医疗用房平面布局图；涉及科室的卫生技术人员名录；科室负责人职称证书、医师执业证书复印件；体检服务各项规章制度；开展医学影像科二级诊疗科目的，提供《放射诊疗许可证》副本。

办理程序如下：

（1）对申请人的材料进行受理。申请人将纸质材料提交至办理窗口，窗口工作人员根据相关法律法规规定对材料进行审核，材料填报完整正确予以受理；材料缺失或不规范不予受理，需补齐补正。材料受理于1个工作日内完成。

（2）对申请材料进行审批，对现场情况进行勘验。材料受理后5个工作日内，由审批部门组织专家进行现场勘验评定并出具专家意见，对符合勘验规定者出具予以通过的专家意见。或不再进行现场勘验，具体情况按辖区政策执行。

（3）审批部门依法作出决定。对材料完整并符合规定、专家现场勘验符合要求者准予登记备案，并在《医疗机构执业许可证》备注栏中注明。

申请材料准备注意事项：《医疗机构登记备案项目申请书》的模板中附有填写说明，填写时严格按照要求填写。

现场勘验注意事项：现场勘验时应确保各科室均有医护人员在岗，专家会根据申报的诊疗科目有针对性地检查，检查项目包括诊室布局、设备配置、人员业务能力、操作规范及科室规章归档情况等，其中对临床科室人员的业务能力会进行理论和实操的提问。

（六）病原微生物实验室备案

办理目的：完成病原微生物实验室备案后，医疗机构可对相关样本进行取样和检测，并出具检测报告。

办理机构：本项目的办理机构为济南市卫生健康委员会。

办理依据：《病原微生物实验室生物安全管理条例》。

申请材料：《山东省病原微生物实验室及实验室活动备案表》《实验室活动备案目录》；实验室设立单位的法人资格证明复印件；《医疗机构执业许可证》；实验室设立单位的生物安全组织管理框架图；实验室布局平面图。

办理程序如下：

（1）区县卫健局对生物安全申报单位进行材料审核。

（2）济南市卫健局对生物安全申报单位进行材料复审。

（3）济南市卫健局作出备案决定，发放备案证明。

注意事项如下：

（1）《山东省病原微生物实验室及实验室活动备案表》《实验室活动备案目录》需每一个实验室填写一份。

（2）实验室设立单位的生物安全组织管理框架时，法人代表需为生物安全管理委员会会长。

（3）实验室布局平面图需标注实验室名称、各分区功能及路线走向。

（七）事业单位法人证办理

办理目的：进行事业单位法人证办理是非营利性组织取得事业单位法人资格的途径之一，是后续业务开展的前置条件。

办理机构：本项目的办理机构为山东省事业单位编制办公室。

办理依据：《山东省事业单位登记管理办法实施细则》（见图 5–33）。

申请材料：《事业单位法人设立登记（备案）申请书》《事业单位法定代

表人登记申请表》；事业单位章程（草案）；审批机关批准设立的文件；拟任法定代表人现任该单位行政职务的任职文件；拟任法定代表人的居民身份证复印件或者其他身份证明文件；开办资金确认证明；住所证明；登记管理机关要求提交的其他相关文件。

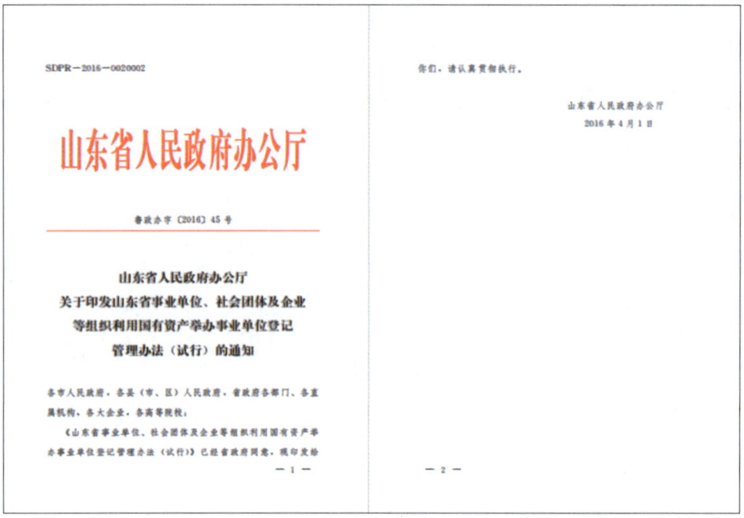
SDPR－2016－0020002

山东省人民政府办公厅

鲁政办字〔2016〕45号

山东省人民政府办公厅
关于印发山东省事业单位、社会团体及企业
等组织利用国有资产举办事业单位登记
管理办法（试行）的通知

各市人民政府，各县（市、区）人民政府，省政府各部门、各直属机构，各大企业，各高等院校：

《山东省事业单位、社会团体及企业等组织利用国有资产举办事业单位登记管理办法（试行）》已经省政府同意，现印发给

－1－

你们，请认真贯彻执行。

山东省人民政府办公厅
2016年4月1日

－2－

图 5-33 山东省事业单位登记管理办法实施细则

（1）业务范围中有涉及资质认可事项或者执业许可事项的，提交相应的资质认可证明或者执业许可证明。

（2）企业、事业单位、社会团体等组织利用国有资产举办的事业单位，提交举办单位法人资格证明、承诺事项证明、利用国有资产的证明文件等。

（3）重新申领证书的，提交事业单位银行开户许可证、财务报表、整改文件等。

办理程序如下：

（1）申请：事业单位办理人员登录系统，选择“设立登记”模块，按要求填写申请表，上传申请材料电子扫描件，待举办单位网上审查通过后，提交到所属登记管理机关（机构编制部门所属的事业单位监督管理机构）受理。

（2）受理、审查、核准。登记管理机关按照法定程序在网上受理事业单位提交的申请，审查提交的材料，符合条件的予以核准，存在问题的直接退回事业单位，并注明理由。

（3）复核：登记管理机关核准后，系统生成《事业单位法人设立登记（备案）申请书》《事业单位法定代表人登记申请表》。事业单位办理人员登录系

统直接打印申请书、申请表，携带全部申请材料到登记管理机关复核。

（4）发证：登记管理机关核对事业单位报送的纸质材料和网上提交的电子扫描件，材料一致的予以登记，发放《事业单位法人证书》。

注意事项：登记管理机关网上核准后，事业单位办理人员携带纸质材料到登记管理机关复核。纸质材料应当与系统中提交的电子扫描件保持一致。登记后申请材料将存入档案，标注“可为复印件”的，原件如不方便提供可提交复印件，除编委、编办文件外，复印件需加盖发文机关或举办单位公章。

（1）《事业单位法人设立登记（备案）申请书》（原件，由事业单位办理人员登录系统填写，登记管理机关核准后直接从系统打印，一式三份，拟任法定代表人签名，举办单位加盖公章）。

（2）《事业单位法定代表人登记申请表》（原件，由事业单位办理人员登录系统填写，登记管理机关核准后直接从系统打印，一式三份，举办单位人事部门加盖公章）。

（3）事业单位章程草案（原件，事业单位拟任法定代表人签名，举办单位审查同意、加盖公章）。

（4）审批机关批准设立的文件（可为复印件）。

（5）拟任法定代表人现任该单位行政职务的任职文件（可为复印件）。

（6）拟任法定代表人的居民身份证复印件或者其他身份证明文件（由拟任法定代表人在居民身份证复印件或者其他身份证明文件上签名，不必加盖公章）。

（7）申请事业单位法人设立登记开办资金确认证明（原件，举办单位负责人、财务负责人签名，加盖举办单位公章、财务专用章）。

（8）住所证明文件：使用自有房屋的为房屋产权证明（可为复印件）；使用租赁房屋的为有效期内租期一年以上的租赁合同（可为复印件）、房屋产权证明（可为复印件）；无偿使用他人房屋的为房屋所有人的授权无偿使用证明（原件）、房屋产权证明（可为复印件）；无偿使用他人租赁房屋的为房屋承租人的授权使用证明（原件）、房屋产权证明（可为复印件）、租赁合同（可为复印件）；使用国家划拨的房屋的为上级部门的授权使用证明（原件）；地名或门牌等调整变化的为住所辖区公安、民政管理部门或街道社区等出具的调整证明（原件）。

其他相关文件如下：

（1）业务范围中有涉及资质认可事项或者执业许可事项的，提交相应的资质认可证明或者执业许可证明（可为复印件）。

（2）企业、事业单位、社会团体等组织利用国有资产举办的事业单位，提交举办单位法人资格证明（可为复印件）、承诺事项证明（原件）、利用国有资产的证明文件（原件）等。

（3）重新申领证书的，提交事业单位银行开户许可证（可为复印件）、资产负债表（加盖事业单位财务专用章）、收入支出决算总表（或利润表，加盖事业单位财务专用章）、事业单位出具举办单位盖章确认的整改文件（原件）等。

注意事项如下：

（1）事业单位是非营利性法人资格的一种证明形式，除此之外还有民办非企业法人。根据《民办非企业单位登记暂行办法》，民办非企业的合法财产中非国有资产份额不得低于总财产的三分之二。

（2）事业单位可由政府举办、社会团体及企业利用国有资产举办或者联合举办。其中，政府举办的事业单位原则上需纳入统一机构管理（人员为事业编制、收支由财政决定）；社会团体及企业利用国有资产举办的事业单位，在申请开办前应向所属国资监管机构申请出具《利用国有资产举办事业单位的证明》，证明需作为材料提交至事业单位监督管理机构；联合举办的事业单位，按层级高的举办单位确定登记管辖；上级监督管理机构可以遵循方便事业单位的原则，授权下级监督管理机构实施登记管理。

（3）申请登记事业单位法人的材料中，需确定所有材料中的信息一致，尤其是事业单位的名称，若出现名称不一致，需向批准成立的部门申请出具变更的证明。

（4）申请材料中的《举办单位承诺事项》，开办资金一项需说明开办资金的实缴到位时间，具体到日；联合举办的需说明各举办单位的开办资金实缴到位时间。

（5）联合举办事业单位的，各举办单位应签订协议，明确权利义务。

（八）放射源诊疗技术和医用辐射机构许可

办理目的：放射源诊疗技术和医用辐射机构许可是医疗机构的放射诊疗设

备（如 CT、DR 等）依法依规投入使用的前提，也是办理开展有放射诊疗项目的健康体检备案的前提条件。

办理机构：本项目的办理机构为济南高新区管委会审批服务部。

办理依据：《放射诊疗管理规定》《放射性同位素与射线装置安全和防护条例》《中华人民共和国职业病防治法》。

申请材料：《放射诊疗许可申请表》《医疗机构执业许可证》副本；放射诊疗专业技术人员一览表及任职资格证明；放射诊疗设备、放射防护与质量控制设备清单；本年度放射诊疗设备防护性能检测报告；放射诊疗建设项目竣工验收合格证明文件；《放射工作人员证》、个人剂量、健康检查、参加培训证明材料；法定代表人（负责人）委托办理的，应提供委托授权书。

办理程序如下：

（1）对申请人的材料进行受理。申请人将纸质材料提交至办理窗口，窗口工作人员根据相关法律法规规定对材料进行审核，材料填报完整正确予以受理；材料缺失或不规范不予受理，需补齐补正。材料受理于 1 个工作日内完成。

（2）对申请材料进行审批，对现场情况进行勘验。若控评阶段进行过现场勘验，正式办理放射诊疗许可证时或不再进行现场勘验，具体情况按辖区政策执行。

（3）审批部门依法作出决定。对材料完整并符合规定、专家现场勘验符合要求者准予登记注册，并发放证照。

注意事项如下：

（1）《放射诊疗许可申请表》的模板中附有填写说明，填写时严格按照要求填写。

（2）放射诊疗专业技术人员一览表及任职资格证明中，仅填写取得《放射工作人员证》的医疗保健技术人员，大型设备操作证不填写。

《放射工作人员证》需提前办理，办理时需要准备半年内于有职业健康体检资质的体检机构出具的体检报告、放射防护和有关法律知识培训考核合格证明、个人剂量监测证明等。其中体检报告出具时间根据体检机构实际情况确定，需 15~20 天；培训考核合格证明可联系当地卫监所参加最近一次的培训；个人剂量监测证明由出具检测报告的机构一并出具。

（3）本年度放射诊疗设备防护性能检测报告及放射诊疗建设项目竣工验收合格证明文件需提前准备。放射诊疗设备防护性能检测报告由省级卫生计生行政部门认定的检测机构提供，需出具预评价报告及正式报告。

（4）预评价报告需要在正式办理放射诊疗许可前提交至审批部门，审批部门根据预评价报告出具预评价报告审核意见，正式办理时需一并提交。

（5）编制正式报告期间，检测机构需对现场放射防护情况进行检测，包括开展放射诊疗用房周边的放射控制、医护人员及受检者的放射防护装备配置、放射诊疗制度及操作规程上墙情况等。正式报告将作为出具放射诊疗建设项目竣工验收合格证明文件的参考材料。

（6）需特别关注的是各地卫监所对于开展放射诊疗的医疗机构有制式的上墙材料（见图 5-34），建议在专家勘验现场前联系卫监所提供制式材料并制作张贴。

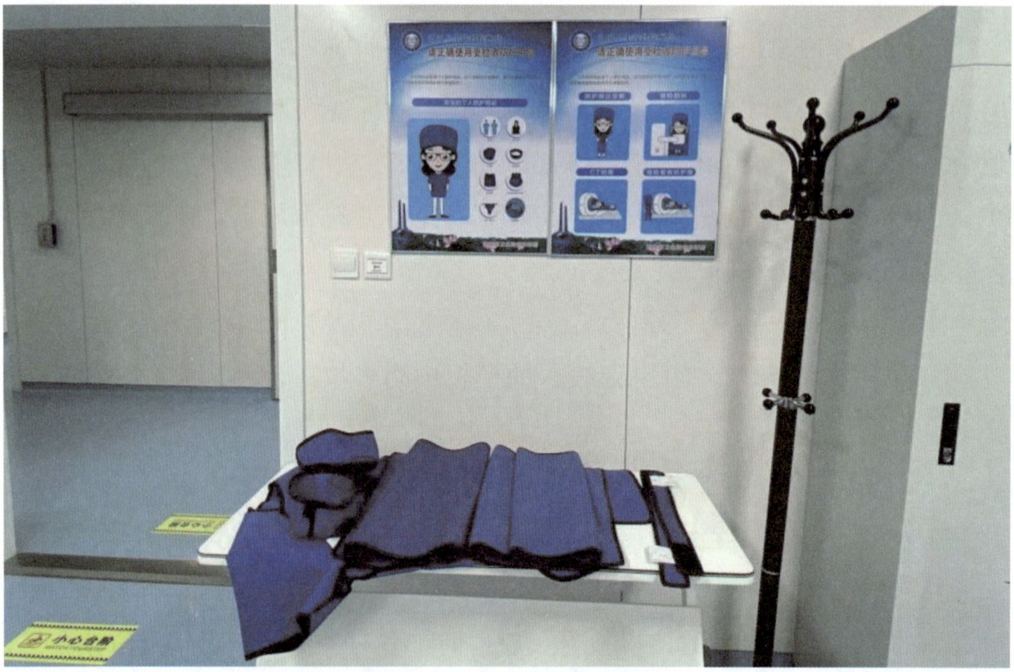

图 5-34 制式上墙材料张贴

（7）审批部门会组织专家对现场情况进行勘验，主要勘验项目与检测机构编制报告期间的检测事项基本一致。

现场勘验时应确保有医护人员在岗，专家会对诊室布局、设备配置、人员业务能力、操作规范及科室规章归档情况等进行检查。

（九）临床基因扩增检验实验室技术审核

办理目的：临床基因扩增检验实验室技术审核是临床基因扩增实验室投入使用的前提，办理完成后可按照登记的操作程序开展临床基因扩增检验项目。

办理机构：本项目的办理机构为山东省卫生厅。

办理依据：《医疗机构管理条例》《医疗机构管理条例实施细则》《临床实验室管理办法》《医疗机构临床基因扩增检验实验室管理办法》。

申请材料及条件：医疗机构设置临床基因扩增检验实验室正式申请、《医疗机构执业许可证》复印件、拟设基因扩增检验实验室的设置平面图、拟设置基因扩增检验实验室医院的医疗卫生资源状况、对临床基因扩增检验实验室的需求情况以及实验室运行的预测分析、检验报告样单（2份）、实验室技术审核相关表格、实验室相关程序文件和标准操作程序（SOP）、其他有关质量文件或证明材料。

办理程序如下：

（1）提交申请资料。拟申请开展临床基因扩增检验的医疗机构，自查结果符合临床基因扩增检验开展条件的，向山东省卫生厅提出临床基因扩增检验实验室设置申请（医院正式文件），填写《山东省临床基因扩增检验实验室技术审核申请书》（见图5–35），连同该实验室标准化操作程序文件一并报省卫生厅医政与医疗服务监管处。

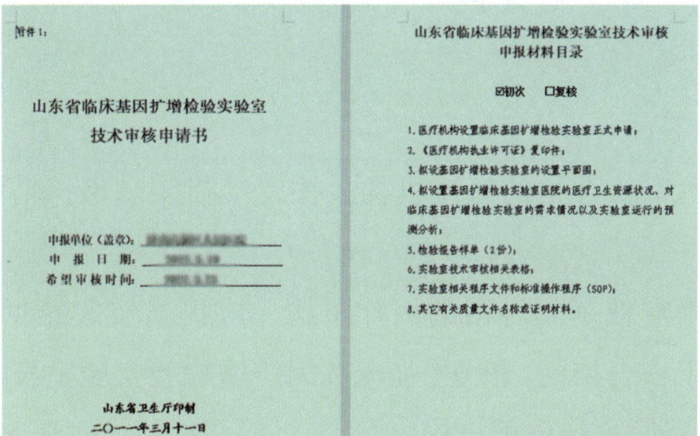
附件1：

山东省临床基因扩增检验实验室

技术审核申请书

申报单位（盖章）：

申　报　日　期：

希望审核时间：

山东省卫生厅印制

二〇一一年三月十一日

山东省临床基因扩增检验实验室技术审核

申报材料目录

☑初次　□复核

1. 医疗机构设置临床基因扩增检验实验室正式申请；
2. 《医疗机构执业许可证》复印件；
3. 拟设基因扩增检验实验室的设置平面图；
4. 拟设置基因扩增检验实验室医院的医疗卫生资源状况、对临床基因扩增检验实验室的需求情况以及实验室运行的预测分析；
5. 检验报告样单（2份）；
6. 实验室技术审核相关表格；
7. 实验室相关程序文件和标准操作程序（SOP）；
8. 其它有关质量文件名称或证明材料。

图5–35　山东省临床基因扩增检验实验室技术审核申请书

（2）技术审核委托。山东省卫生厅在收到申请起10个工作日内，对医疗机构提交申请资料的完整性、实验室设置需求等进行初审，初审结果符合要求的，委托山东省临床检验中心进行技术审核；初审结果不符合要求的，正式函复申请机构。

（3）初步技术审核。山东省临床检验中心接到山东省卫生厅委托后5个工作日内，对照《医疗机构临床基因扩增检验实验室管理办法》和《医疗机构临床基因扩增检验实验室工作导则》等有关标准及要求，对申请开展临床基因扩增检验的医疗机构实验室进行初步技术审核，提出整改建议。实验室进行整改后，试运行3个月。

（4）正式技术审核。山东省临床检验中心从临床基因扩增实验室技术审核专家组中抽调3名专家，对试运行3个月的实验室进行正式技术审核（见图5-36）。

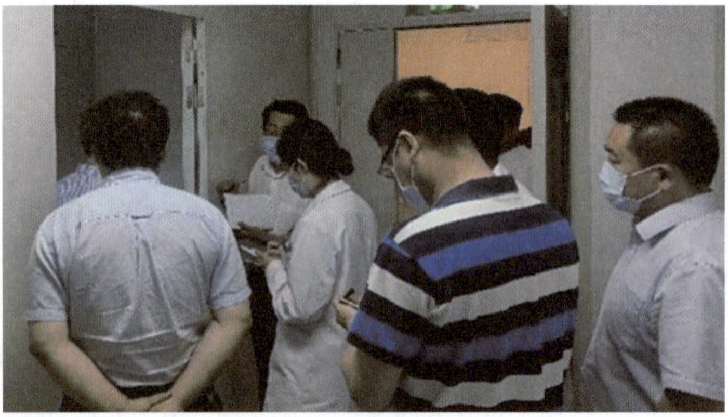

图5-36 专家现场技术审核

办理结果如下：

（1）对技术审核合格的医疗机构，核发《临床基因扩增检验实验室技术审核合格证》。

（2）对技术审核基本合格的医疗机构，应提出整改意见，1个月后再次组织技术审核，审核合格的，核发《临床基因扩增检验实验室技术审核合格证》。审核不合格的，书面告知申请机构。

（3）对技术审核不合格的医疗机构，书面告知申请机构。

现场勘验时专家主要关注以下问题：

（1）进入各工作区域应当严格按照单一方向进行，具体流程为：试剂储存和准备区→标本制备区→扩增区→ 扩增产物分析区。

（2）各工作区域必须有明确的标记，不同工作区域内的设备、物品不得混用。

（3）不同的工作区域使用不同的工作服（如不同的颜色）。工作人员离开各工作区域时，不得将工作服带出。

（4）实验室的清洁应当按"试剂储存和准备区→标本制备区→扩增区→扩增产物分析区"的方向进行。不同的实验区域应当有其各自的清洁用具，以防止交叉污染。

（5）实验台前应配有紫外线灯，实验室外应配有洗眼器。

六、医院前期品牌推广和市场工作

（一）市场工作总体思路

一是突出多学科建设，打造区域服务品牌。根据区域分布及周边医疗机构设置，并结合实际情况，发展特色科室；将健康教育、健康科普、健康管理、疾病预防等纳入医疗卫生服务范围；优化诊疗流程，为老年人、儿童、残疾人等群体就医提供绿色通道；推广多学科诊疗模式，开展个性化的诊疗服务；注重人文关怀，为患者提供良好的就医环境。

二是加强医院内涵文化建设，提升品牌形象。通过医院文化创新和建设，内强素质，外塑形象，增强职工凝聚力，提升区域竞争力，使创新融入医院文化中，实现医院快速发展。

三是强化宣传培训。充分发挥新闻媒体的作用，加强政策解读和典型宣传，展示工作成效，提高社会影响及认可度，营造良好的社会氛围。

四是健全应急管理机制，确保安全稳定。抓好医院安全、医疗安全和患者安全保障，健全机构突发事件应急管理机制，为区域提供有序的应急保障措施，争创平安医院。

（二）活动举办与媒体宣传

一是向周围养老企业开展医疗知识科普，充分发挥医院自身的优势与影响力，关注并解决社会问题，在广大的企业中做表率，引领并带动更多的企业积极履行社会责任。

二是试运营期间开展免费查体及义务咨询活动，引导大众建立正确的健康观念和生活方式；作为医院形象展示的窗口，通过特色体检环境及极致的服务，树立良好的口碑。

三是与当地企业共同举办联谊会，邀请当地部分学校、国企、外企、知名民企等参与，建立起一个合作交流的平台，增强与周围企业的沟通联系。

四是济南高新东区医院（山东健康集团济南医院）自运营筹备阶段就承担着济南高新区的疫情防控任务，承接了高新区的部分核酸采样及检测工作，分赴周边的各个社区开展核酸采样工作，在给周边社区提供服务的同时展现出医院勇挑重任、守望相助、共克时艰的良好风貌，塑造了医院形象（见图 5-37）。

五是通过大屏幕播放宣传海报、向周边居民发放宣传手册及开展健康知识普及课堂等多种形式，多层面、多渠道地对医院进行宣传（见图 5-38、图 5-39）。

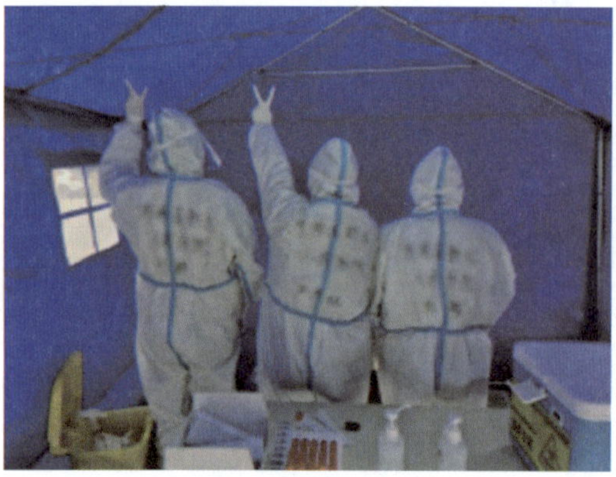

图 5-37 疫情核酸采样人员

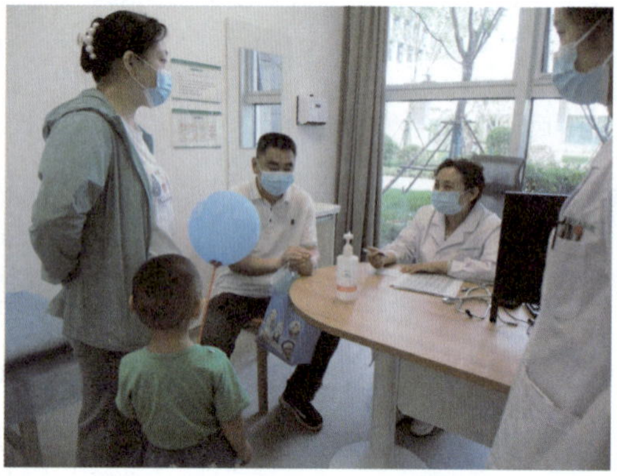

图 5-38 免费查体活动

图 5-39 健康知识普及课堂

七、试运营期工作重点

根据国家医保局2021年公布的《医疗机构医疗保障定点管理暂行办法》，申请医保定点的医疗机构需要正式运营至少3个月，才能办理并开通医保。在开通医保前，前期工作的重点以本项目为例进行呈现。

（一）启动部分诊疗科室的开诊工作

医院根据济南高新区管委会部署要求，结合周边社区需求及医院实际情况，自2022年5月15日开始试运营。在没有开通医保的3个月运营期间，医院启动了满足就诊要求的部分诊疗科室的开诊工作。医院相关部门把诊疗开诊项目通过“明白纸”的方式提供给高新区周边社区，试运营期间接待了大批周边来诊患者，在一定程度上缓解了周边居民看病难的问题。

（二）医院健康管理（体检）中心承接体检工作

医院健康管理（体检）中心作为医院运营前期重点开展业务，先后承接了高新区管委会、集团公司等部分职工的体检工作。中心定位为以高端的体检设备、合理的功能划分为基础，以智慧化系统为支撑，以服务体验为核心，塑造全流程、一站式、个性化医疗体检服务。济南高新东区医院（山东健康集团济南医院）以健康管理（体检）中心为抓手，使客群直观体验山东健康集团、济南高新东区医院（山东健康集团济南医院）暨颐养中心的业务及服务水平，营造口碑效应。医院在开展体检业务的同时，通过建立体检档案、随访健康情况、分析异常数据等途径，建立客户管理系统，积累储备潜在病源。同时，医院健康管理（体检）中心作为山东健康集团形象的展示窗口，努力做成特色体检标杆、极致服务标杆，展现集团的医疗水平、服务水平，带动项目的政治效益和社会经济效益同步提升。

第二节 颐养中心的运营筹备

山东健康集团济南颐养中心（见图 5-40）可以由建设者自己运营，或者交由专业团队托管。PPP 项目合同条款中对此也并无限制。本项目中，集团与日本知名颐养企业元气集团签订了合作协议，共同成立了公司，专门负责颐养中心的运营。

图 5-40 山东健康集团济南颐养中心

一、颐养中心开业前工作概述

颐养中心的开业前工作主要从建章立制、人员招聘及培训、开业运营、市场营销、后勤管理、软硬装准备以及各类证件手续办理等方面推进（见表5-2）。

表5-2　颐养中心开业推进表

序号	项目	分项	工作要点
1	建章立制方面	确定合资公司经营理念	明确项目定位、发展特色、服务对象、经营理念等
		确定合资公司基本组织架构	明确济高元气公司组织架构
		确定颐养中心组织架构	明确颐养中心组织架构、岗位职责
		确定合资公司各部门名称、各项规章管理制度、各部门职责	建立规范化制度、流程体系
2	人员招聘及培训方面	确定合资公司基本成员、薪资架构以及招聘（除元气团队）	建立薪酬管理体系及绩效考核体系
		确立合资公司工资发放日期，开设社保、公积金账户	—
		颐养中心主要成员、一般职员、护理员招聘（院长、副院长、护理主任、护理组长、护士、护理员）	完成试营业前人员招聘、培训，开业后根据人员配备计划分批开展人员招聘及入职工作，明确人员到岗时间及用工方式
		颐养中心管理层和护理员培训计划，由资深日本专家来现场负责试营业期的实操带教工作	制订培训方案，明确培训人员及培训内容
		从康养中心一般职员、护理员研修开始	按照培训方案，开展全员培训，逐步建立标准化介护服务体系

续表

序号	项目	分项	工作要点
3	运营方面	项目启动准备资金到位	—
		济南康养市场调查报告以及整体项目定位	对济南区域养老市场进行了深度调研，梳理编制《济南康养市场调查报告》，制定创建济南市创新型医养结合示范项目的整体定位，明确了自理、半自理、失能老人以及认知症老人为服务对象，制定了日式服务、医养结合、认知症专区照护的发展特色
		运营会议	每月召开运营会议，分析颐养中心运营情况
		颐养中心事业计划的确定	—
		颐养中心开业仪式	对接医院确定开业仪式形式、邀请人员、媒体报道等
		颐养中心开业日期选定	确定颐养中心试营业开业日期

续表

序号	项目	分项	工作要点
4	市场营销方面	颐养中心各种宣传方法和资料企划制定，开业前宣传活动的开展	颐养中心营销方案确定，颐养中心简介手册、各种宣传资料、网站建立、公众号建立等
		联系系统内单位和政府参观活动的组织	联系相关单位及政府部门，组织到颐养中心进行参观
		颐养中心周边社区联动、开展活动、承接公益活动	联合社区、物业、街道办联名举办公益活动，为不同圈层的长者开展形式多样的宣传活动
		颐养中心设置“×××老+×××社”工作站（老龄委、老干部局、老年体协、社会工作办公室）	与高新区政府对接，建立工作站、活动点
		与各大企业及医疗机构建立紧密联系，及时吸纳各机构需长期疗护病源	筑健康公司与济高元气公司到各大医疗机构联系，建立良好合作关系
5	后勤方面	福祉车辆购买	福祉车（轮椅可以直接推上去的）
		机械浴购买和使用学习	—
		员工制服样式确定、购买	—
		确定康养中心餐厅第三方公司和人员、菜谱内容	第三方团队

续表

序号	项目	分项	工作要点
6	颐养中心软硬装准备方面	颐养中心适老化改造、信息化系统、软装调整和房间布局调整	适老化改造方案确定、软装布设方案确定，试营业前完成信息化系统上线及各项改造项目
		颐养中心康复器械补充和摆放位置	—
		颐养中心备用金、备品、入住合同等准备开始	办公用品、消耗品
		颐养中心试营业之前软件、硬件盘点	—
		颐养中心建筑内各项验收的最终核对、最终保洁	—
7	各类证件方面	康养中心各项行政手续的申请	护理院、长期护理险、残疾补贴

二、与日本元气公司的合作

在日本，过去主要是由家庭和子女承担照顾长者的责任。现代家庭结构的改变让这一模式逐渐达到了极限，社会养老开始取代家庭养老。因此，民营企业以及国家主导的医疗和介护服务变得不可或缺。

日本元气集团的运营理念是“和谐共生”，以医疗、养老、教育为中心开展事业。目前，元气集团除了在日本国内的发展，正积极利用长年积累（培养）的医疗、养老、教育领域的技术在全亚洲推广事业，而中国正是元气集团的一个重要市场。

（一）元气集团的事业理念

1. 养老：家族主义

元气集团认为，“家族主义”是人与人之间联系的纽带。日本人从前过着家人们在一起互相帮助、互相合作、尊敬长者的生活。

2. 医疗：患者至上主义

元气集团深知自己职务及责任的重要性，努力提升人品，贯彻“患者至上主义”，提供让患者安心的医疗技术和诚心诚意的服务态度，为当地居民及患者提供“放心的医疗服务”。

3. 教育：未来实践型人才教育

培养下一代人才也被元气集团视作重要使命之一。集团通过旗下的三家专科学校来培养医疗、养老方面的专业人士及跨国工作的人才。

日本元气集团于1993年开始提供介护服务。善友集团作为拥有创业48年历史的元气集团旗下企业，主要在养老介护领域开展事业。

元气集团的最大特征是结合入住长者的需要提供多样化的服务。无论是机构服务还是居家服务，都非常完善，并且积极培养人才来满足急速发展的超高龄化社会的需求。

养老机构内的服务内容按照介护程度和医疗依赖程度的不同被详细区分开。

（二）养老机构的服务类型

（1）注重介护服务的特别护理养老机构：入住对象主要是无法在家中独立生活、需要他人来护理的长者。

（2）注重医疗服务的康复养老机构：这类养老机构以康复训练为中心，展开医疗与介护的双重服务，主要入住对象为病情稳定、出院后以回归家庭正常生活为目的的长者。

（3）认知症老人之家：是以少数的认知症长者为单位共同生活的机构。认知症长者在接受服务和照顾的同时还能感受到家庭的氛围。

（4）私立型老人之家：入住对象是不需要时刻接受介护，但为了能安心洗浴和进餐而需要一定介护服务的长者。

（5）低收入老人之家：以低收入且生活可以自理的长者为入住对象。

（6）附带介护型老年公寓：是一种租赁型养老公寓。在租赁的同时，可以附带选择需要的介护服务。

机构养老类型如图 5-41 所示，其他养老服务类型如图 5-42 所示。

图 5-41 机构养老类型图

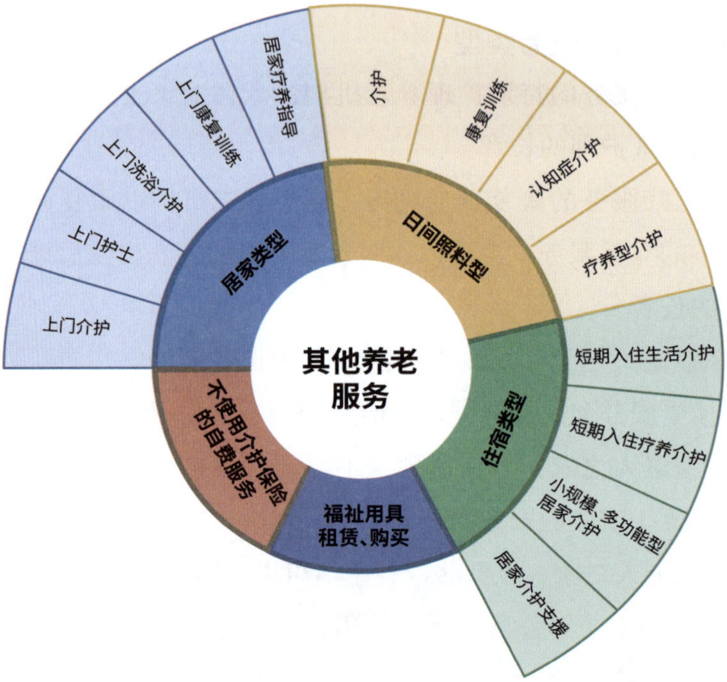

图 5-42 其他养老服务类型图

另外，元气集团极为重视服务水平的提高，以居家护理为原点，以养老机构与医疗机构相结合，推进少人数的家庭介护，注重超老龄地区的关系。

元气集团的养老事业也包括居家养老服务。居家养老服务的种类多样，长者及其家属可以选择最适合的介护服务。种类多样化能够保证居家生活的长者的不同需求得到满足。

（1）上门介护和上门护士是专业人员，不分时间早晚，给长者提供上门医疗介护服务。

（2）日间照料中心提供接送服务。长者可以在养老机构内享受康复训练、体育、娱乐等服务项目。此外，还设有专门应对认知症的日间照料中心。元气集团对日间照料、日间护理中的康复训练及轻运动的强化极为重视。为了解决家庭由于突发状况而导致的无法照顾长者的问题以及减轻家庭护理的负担，元气集团还开展短期入住服务；同时，在小规模多功能型居家监护中开展接送形式的日间照料。元气集团拥有经验丰富的介护支援专员，会依照入住者的整体状态给出相应的护理计划，提供适合的轮椅和介护用品的租赁及购买信息，以及对残障人士的支援服务。

（三）元气集团人才教育

元气集团经营一所培养介护精英人才，并且可以取得国家介护资格证书的介护学校——关东福祉专科学校。该学校已有 20 多年的历史，培养出的介护人才活跃于各个地区。如今，学校不仅接收日本学生，还积极接收亚洲各地的留学生和培训生。入学期间，学生可以在元气集团所属的养老机构打工，毕业后，学生可以选择就职于元气集团，也可以选择回到自己的国家贡献力量。

善友集团养老机构数量变化如图 5-43 所示。

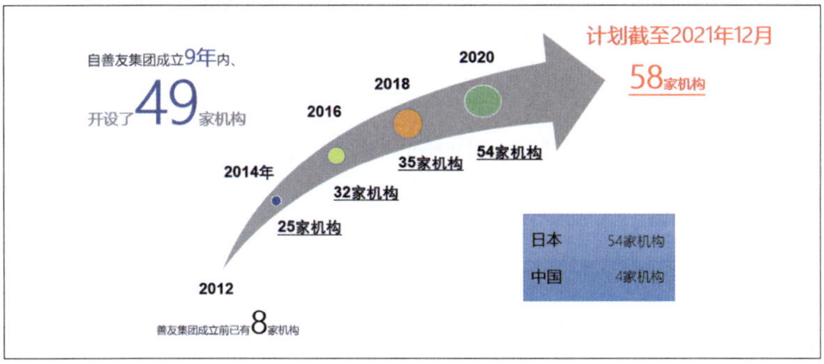

图 5-43　善友集团养老机构数量变化

三、颐养中心设备采购与安装

（一）方案的确定

设备的方案确定流程为：颐养中心定位→集团旗舰“医养结合”项目→首个新建的养老项目→了解国内养老设备市场→联系养老设备“口碑”厂家，依据设计要求出具方案及报价→实地考察厂家的经营规模→考虑方案和报价性价比→确定最终的养老设备方案。

以本项目为例，由于颐养中心的规划设计早在项目公司成立前就已经确定，所以设备的配置需要考虑建筑内的实际情况。相关部门通过参观考察一些知名养老机构，以及融资租赁公司推荐相关设备厂家，进行现场调研，对厂家的生产能力情况进行考察，并邀请厂家对设备的配置方案提出意见，结合元气集团的服务理念，最终确定了设备方案。

（二）方案的明细

康复大厅设备：通过多个品牌厂家的实地考察及方案设计，结合考察的养老机构采购的设备，求同存异，结合颐养中心的定位及康复大厅设计面积，确定了最终方案明细。

养老床设备：电动养老床不同于普通的护理床，养老床根据人体身高和膝关节弯曲度的不同，来调节老人睡觉时身体的位置，具有活动方便、舒适的特点。养老床作为与老人最息息相关的产品，也是调研的重点。日本作为养老产业发展较为长久的国家，其养老床品牌是这次调研考察的重点。通过对日本某品牌养老床的考察，发现其产品在功能性、舒适性方面的主要特点如下：

（1）根据人体学原理设计独创背板与腿板联动，让人感觉更加舒适。

（2）背板前推过程中平行后移，减轻使用者胸腔压迫感，使用者更加舒适。

（3）背板采用平缓静音滑轮且双轮托升，更加静音、稳定、安全。

（4）小背板与大背板联动，大背板前推过程中小背板推升背部，减少背部空虚感。

（5）腿板可以根据人体身高调节膝关节弯曲度，减少背板前推过程中的人体下滑程度。

（6）床体可自由升降高度，超低高度为 25 厘米，方便使用者上下床，也更加安全。

（7）隐藏式折叠护栏，隐藏后与床体同宽，减少护栏插脚外伸给使用者造成的障碍。

（8）钢丝网面床板，透气性更好，使床面更加干燥透气，防止长期卧床者产生褥疮。

（9）床板拆装方便快捷，便于护理过程中清洗。

（10）贴心床垫防滑设置，减少使用过程中床垫左右上下滑动造成的不便。

（11）现代技术床脚结构，独特结构连接，稳固大方，连接轴都配有铜衬套，耐磨并且噪音较少。

（12）稳重、现代与古典结合的床头尾设计，颜色协调，美观大方，表面光滑，易于清洗。

日本品牌虽然产品性能、舒适性较高，但其价格是相同功能国产品牌的2~3倍，增加了采购成本。

德国某品牌的价格是相同功能国产品牌的1.5倍，在产品性能、舒适性上可以与日本品牌相媲美。

国产品牌养老床相同功能者价格大体一致，性能、舒适性仍在提升阶段，也能满足养老需求。

在最终的采购中，依据颐养中心房间设置特点、收费档次、养老床价格、PPP合同指导价格等因素综合考虑，最终决定裙楼采购德国品牌养老床，主楼采购国产养老床。采用进口和国产综合采购的方式在降低成本的同时，也兼顾了差异化。

在养老床的调研考察过程中，遇到了高规格、高标准同时高价格的问题。在日后的产品调研过程中还是要多了解、多走访，更深入地去调研整个产品市场，不能被品质好但是价格高所困惑，要选择更加具备“性价比”的产品，在降低产品采购成本的同时，保证产品的品质。

（三）招采流程

（1）依据进口和国产的养老床参数，按照满足养老床设备规范的标准确定最终的参数。

（2）招标代理公司根据确定的招标参数进行网上公示（20个工作日）。

（3）公示期后，招标代理公司组织报名的单位进行投标。

在康复设备招标前，充分调研符合产品要求的厂家，通过询价方式确定控制价。同时，为保障招标成功率、增加投标竞争力，邀请前期被询价单位参与竞争性谈判投标，并明确报价不得高于询价的原则，如出现此情况将终止后续项目合作机会。

（四）颐养中心设备备货与安装调试

完成招标工作后，需要确定厂家，然后通知厂家进行货物的备货，依照合同节点提前进行备货。厂家送货后进行安装调试，并进行相关的基本使用培训工作。康复类专业设备需要专业培训工作，需要和设备厂家提前在合同中约定培训的相关条款，在人员到位后进行专业培训工作。

（五）颐养中心软硬装准备

在颐养中心交由日本元气集团运营之前，项目公司还对颐养中心进行了一些必要的适老化改造以及信息化系统、软装调整和房间布局调整等工作。这些工作包括颐养中心康复器械补充和摆放位置、颐养中心备用金、备品、入住合同、颐养中心试营业之前软件硬件盘点以及颐养中心建筑内各项验收的最终核对、最终保洁等工作。

日本元气集团出于养老理念的考虑，对于颐养中心的软硬装有一些特别的考量。虽然建筑主体无法更改，但他们积极地根据“去医疗化、去机构化、家庭化”进行适老化改造。比如，在白色的墙壁上贴上更温馨的壁纸，对一些家具进行调换，对一些地面、楼梯扶手等装修的细节做了改善（见图 5-44、图 5-45、图 5-46）。

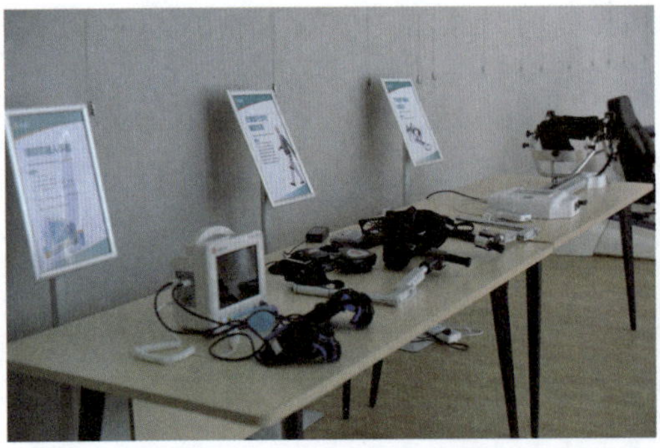

图 5-44 康复器材

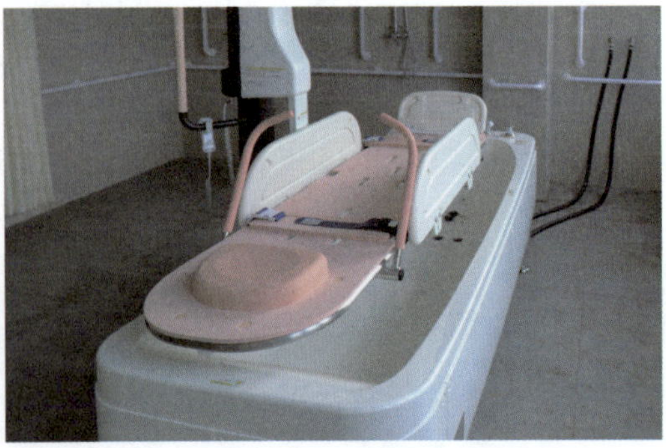

图 5-45 老年洗浴设备

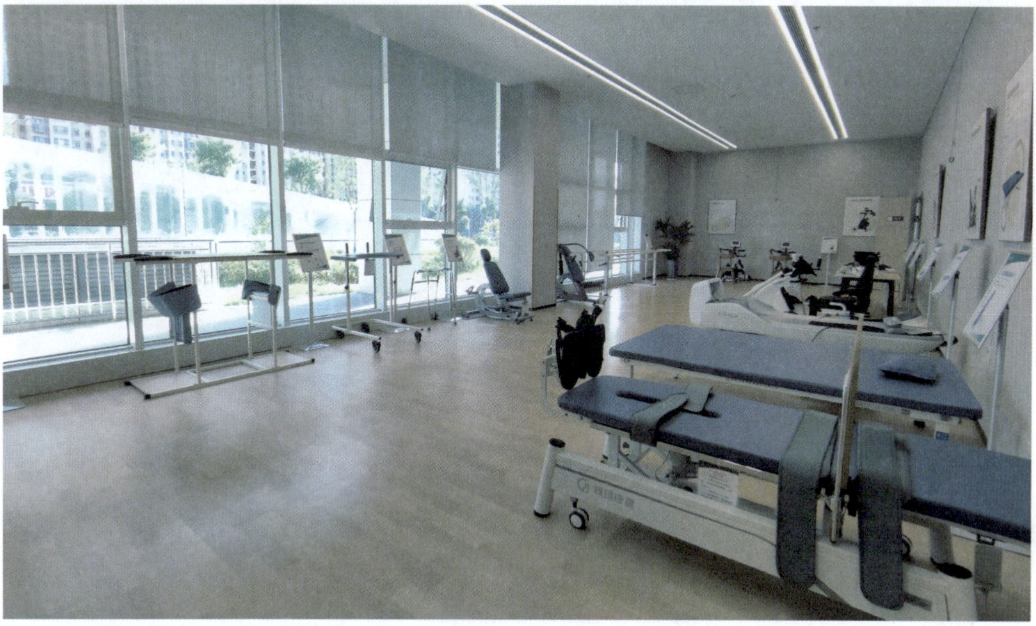

图 5-46　康复大厅

四、颐养中心前期品牌推广和市场工作

（一）宣传活动及市场开拓

颐养中心于 2022 年 6~7 月与泉城义工合作，分别在济南“城市大客厅”泉城广场、历下区甸柳街道、槐荫区绿地泉景嘉园开展宣传活动，组织泉城义工骨干志愿者赴颐养中心近距离参观 1 次，参与服务志愿者达 100 余人次，共惠及 250 余名老人。此外，还分别在《济南时报》、济南电台新闻频道、新黄河客户端、爱济南新闻客户端、舜网、济南发布、济南市新时代文明实践中心官网、济南市新时代文明实践中心微信公众号、泉城义工微信公众号、济南市志愿服务培训微信公众号等发稿 47 篇，其中报纸 5 篇、新媒体 42 篇（见图 5-47）。

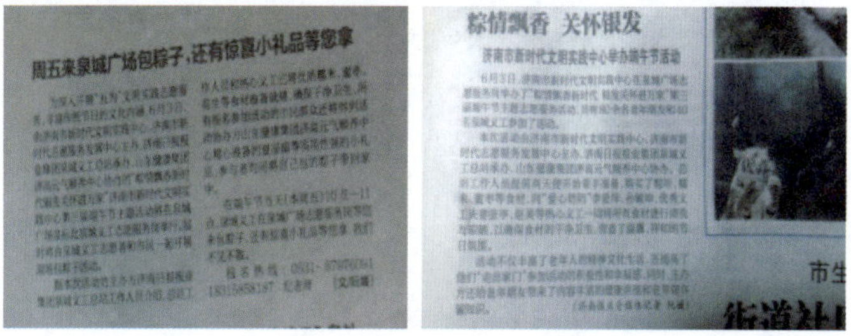
周五来泉城广场包粽子，还有惊喜小礼品等您拿

粽情飘香　关怀银发

济南市新时代文明实践中心举办端午节活动

图 5-47　当地媒体报道端午节主题志愿服务活动

（二）媒体报道精彩瞬间

义工们走进历下区、槐荫区等传统文化小区和新兴高端社区开展志愿者活动。走进颐养中心近距离参观的志愿者中，包括全国道德模范提名奖获得者、全国拥军模范、山东省“好人之星”、济南市道德模范等先进人物，也有市直机关退休处级干部及民间宣讲团的负责人等骨干力量。

第三节　如何实现医养结合、医养互促

一、医养结合模式实践

（一）项目的天赋优势

济南高新东区医院（山东健康集团济南医院）暨颐养中心项目遵循整体性、持续性、协调性的发展理念，把医院与养老机构规划在一个园区内，兼具医疗卫生资质和养老服务能力，是新型“两院一体”全日型医养结合机构。其能够有效整合医疗和养老资源，为老年人提供健康教育、生活照护、医疗保健康复、体育锻炼、文化娱乐等服务，涵盖生活保障、精神心理、价值实现，体现老有所养、老有所依、老有所乐。更为重要的是，在老年人日常生活、医疗需求、慢病健康管理、康复锻炼、健康体检及临终关怀服务中心可实现“一站式”便捷服务（见图 5–48）。

图 5–48　医院护理工作站

（二）医养结合的基本原则

项目明确提供“医”“养”服务的具体指征：如果老年人身体健康状况比较稳定，需要侧重“养”的服务，则为老年人提供日常住养服务，主要包括日常起居、文化娱乐、精神慰藉等；如果老年人身体健康状况需要侧重“医”的服务，则为老年人提供专业医疗保健服务，主要包括老年疾病诊治、康复护理、健康咨询、老年中医康复诊疗和临终关怀等。

（三）医养联合体模式创新

近年来，随着老年人口不断增加，养老服务体系不断建立及更新，社会保障更加健全，养老金逐步提高，长期护理保险覆盖拓展，老年人消费能力进一步增强，养老服务需求持续增加，大量社会资金进入医养结合领域。目前，我国现有的养老机构很难满足残障老人、慢性病老年人、易复发病老人以及绝症晚期老人等特殊人群体的医疗需求，因此医院与养老机构在一个园区并建立医养共同体方式，能够快速实现区域内医疗、服务，提升健康寿命。

济南高新东区医院（山东健康集团济南医院）与颐养中心成立医养联合体，建立可持续性的医疗服务运行机制，形成互助、互补、互融、互动的服务发展格局，全面提高机构照护水平，实现养老与救治的无缝对接。通过建立医护人员、医疗护理员、养老护理员、管理人员及相关协助人员联动工作机制，保障医养服务衔接。

双方根据需求提出相应的所需方案，签订定点服务协议。医院具备完备的医疗设备及医疗资源，完全能够满足颐养中心老年患者的医疗设备、医疗技能、诊治需求，可根据病情需求及养老机构需求提供转诊服务，发挥“医养融合”，让颐养中心老年患者享受到医疗技术的便利优势。

（四）多元路径发展模式创新

通过医疗机构（医院）与养老机构同院区、养老机构内设医疗机构（护理院）这种创新型“1+1+1”模式，使养老机构的老人既能够享受医保又能得到长护险待遇，依托老年人健康信息管理系统，建立预约诊疗系统、分级诊疗系统、远程医疗系统等，互联共享老年人健康信息，实现医养相互联动。

颐养中心主要着力于预防、自理式支持服务预防重症疾病，并能让老人能够在高质量的陪护、日间照料等方面体会到快速和优质服务。护理院具备专业的医疗护理人员，为老年人提供基本医疗服务、专业康复治疗与训练、基本和治疗性的护理服务、健康管理服务等，使老年人能够及时获得专业的医疗诊断与救治。护理院医生定期巡诊，为老年人开展以预防保健为主的健康管理服务及以中医康复理疗为主的医疗服务，建立健康档案，加强对慢性病和特殊疾病的管理，针对特殊老年人群会同医院医生进行专家会诊，形成有效的资源分享机制。

通过内设医疗机构，既可以增加养老项目对长者的健康保障，又可以解决人力、资金成本等问题，同时可以为项目拓宽收入渠道，缓解运营压力，并且通过与济南高新东区医院（山东健康集团济南医院）建立医养联合体合作模式，使医疗优质资源及养老资源优质服务达到有效供给融合。

（五）双向转诊绿色救治通道

济南高新东区医院（山东健康集团济南医院）拥有全新高端顶尖的医疗设备和专业医疗团队，具有得天独厚的医疗服务优势，与颐养中心打造 24 小时绿色通道，为老年人就医提供挂号、就医、收费、取药等便利服务，零距离提供全方位、高质量、系统性的解决方案。

颐养中心引进日本先进的照护理念，通过养老行业经验丰富的介护专家为老人现场零距离提供服务支持。颐养中心吸纳医院需长期护理的患者，缓解“长期住院现象”，提高医疗资源利用率，改善“医养分离”的不良影响，同时可有效地减少对医疗资源的浪费。

双方明确合作方式，建立健全医养结合联合制度，为所有入住老人提供医疗卫生服务，实现医疗、养老服务体系高度融合。根据老年人日常住养和住院医疗两种不同的需求，明确各自的管理路径，建立信息系统，确保“医”“养”互换时信息准确切换并及时更新。

（六）康复——延伸医养结合服务

“医养一体化”的发展模式，是集医疗、康复、养生、养老等为一体，把老年人健康医疗服务放在首要位置，将养老机构与医院的功能相结合，把生活照料和康复关怀融为一体的新型模式。

颐养中心设有康复大厅且配备专业的康复设备，通过体质健康检测站对老年人全方位检测后，由济南高新东区医院（山东健康集团济南医院）专家进行数据分析及运动处方的开具，为老人制订个性化的中医康复理疗计划，将科学运动、康复活动融入长者介护生活的方方面面，使老年人得到更精准、更科学的专业服务，达到医养互促。

（七）健康管理——推进医养结合发展

长期以来，我国老年人的健康管理还停留在以老年人自我调节为主的观念上。由于缺乏健康管理知识，老年人只有在患病时才会寻求治疗，严重影响其健康水平的提升。而老年人健康管理是对老年人的健康危险因素进行监测、分析、评估和预测，为老年人提供健康咨询、教育和干预，通过预防手段降低患病率，提高老年人的健康水平和生活质量。健康管理是解决医疗资源短缺和养老负担过重的有效途径。

通过入院或社区摸排 60 岁以上老年人健康情况，建立老年健康管理服务体制，为老年人建立健康档案及慢病档案，加强老年人健康指标检测和信息管理，实现健康数据在医生及家属之间的传递互通，制订有针对性的健康干预方案。

二、未来医养结合规划设计

（一）居家社区养老服务创新

探索“机构 + 社区 + 居家”模式，发挥高新东区医院暨颐养中心“基地”优势（见图 5–49），在承担兜底养老服务和基本医疗服务基础上，利用富余资源向社区、家庭延伸专业服务，实现养老服务资源的整合利用，推动构建城市“一刻钟”社区居家养老服务圈。

依托长期护理保险政策，在社区设立养老服务站点，提供日托养老服务。将专业照护服务延伸至老年人家中，按照养老机构的服务标准，为居家的失能、失智、半失能等需要照护服务的老年人上门提供“类机构”照护服务。让不愿意入住养老机构 的刚需老年人能够在熟悉的居家环境中享受到机构养老的专业照料，建立居家、社区机构相协调，医养康养相结合的养老服务体系。主要服务内容涵盖生活照料、个人护理、精神慰藉等，根据老年人需求定制个性化服务项目清单。

图 5-49 西北向夜景鸟瞰图

设计个性化家庭医生签约服务模式，提升老年人居家医疗服务可及性和获得感。为失能、慢性病、高龄、残疾等行动不便或确有困难的老年人提供医疗保健、健康体检、慢性病管理、康复指导、健康咨询等健康管理服务。

（二）智慧医养互联互通

依托互联网及大数据，推进并打造智慧医养结合服务管理平台，探索“互联网 +”护理服务、“互联网 +”健康咨询、“互联网 +”健康科普、个性化健康管理等智慧健康服务。建立涵盖老年人动态数据统计、养老服务供给等养老数据库，为老年人提供紧急呼援、远程医疗、健康监测、居家护理、走失定位等服务，促进老年群众享受一站式服务。

附　录

前期报建手续清单及办理方式 *

---

* 本清单为 2021 年所制，仅供参考。

建设项目环境影响评价审查许可

一、办理机构

市审批中心环保局窗口。

二、办理依据

1.《中华人民共和国环境保护法》。

2.《中华人民共和国环境影响评价法》。

3.《中华人民共和国水污染防治法》。

4.《中华人民共和国大气污染防治法》。

5.《中华人民共和国固体废物污染环境防治法》。

6.《中华人民共和国环境噪声污染防治法》。

7.《中华人民共和国放射性污染防治法》。

三、申请材料及条件

（一）环境影响登记表

建设项目环境影响登记表（4 份）。

（二）环境影响报告表

1. 建设项目环境影响报告表（4 份）。

2. 济南市建设项目污染物总量确认书（4 份）。

3. 建设项目环境影响报告表评估报告（4 份）。

（三）环境影响报告书

1. 建设项目环境影响报告书（4 份）。

2. 济南市建设项目污染物总量确认书（4 份）。

3. 建设项目环境影响报告书评估报告（4 份）。

4. 建设单位关于批复本项目的请示（1 份）。

四、办理程序

1. 环境影响登记表：窗口受理审查→窗口负责人审核→窗口发件。

2. 环境影响报告表：窗口受理→承办人审查（现场勘验）→处负责人审核→分管领导签批→窗口发件。

3.A 类环境影响报告书：窗口受理→承办人审查（现场勘验）→处负责人审核→局建设项目审批委员会会议讨论→窗口发件。

B类环境影响报告书：窗口受理→承办人审查（现场勘验）→处负责人审核→书面征求相关处室意见或召集相关处室审查→分管领导签批→窗口发件。

C类环境影响报告书：窗口受理→承办人审查（现场勘验）→处负责人审核→分管领导签批→窗口发件。

A、B、C类环境影响报告书范围如下：

A类环境影响报告书：涉及自然保护区、饮用水源地等重大生态影响或重大敏感的建设项目；可能造成重大环境影响的建设项目；涉及重要产业政策和产业布局调整的建设项目；涉及石化、化工、医药、工业废水集中处理等污染重及环境敏感的建设项目；COD年产量10吨（含）以上、氨氮年产量1吨（含）以上、二氧化硫年产量30吨（含）以上、氮氧化物年产量10吨（含）以上的建设项目。

B类环境影响报告书：COD年产量5（含）~10吨以内、氨氮年产量0.5（含）~1吨以内、二氧化硫年产量10（含）~30吨以内、氮氧化物年产量5（含）~10吨以内的工业类污染较重、环境敏感的建设项目。

C类环境影响报告书：除A、B类以外应编制环境影响报告书的项目。

五、承诺期限

环境影响登记表3个工作日，环境影响报告表7个工作日，环境影响报告书15个工作日。

六、收费依据及标准

不收费。

项目立项

一、办理机构

济南高新区政务服务中心。

二、办理依据

国家有关法律法规、国民经济和社会发展规划、行业规划、产业政策、行业准入标准、土地利用和城市总体规划。

三、审批要件及申请材料

1.《立项用地规划许可审批申请表》。

2.《可行性研究报告（政府投资类项目）》或《项目申请报告（社会投资核准类项目）》。

3.《现状地形图》。

4.《勘测定界图》。

5.《招标方案申请表》。

6.《项目建设依据》。

7.《土地利用总体规划修改暨永久基本农田补划方案》（占用永久基本农田的项目）。

8.《国土空间规划》等相关图件；《项目区位图》《项目地形图》或《路线（方案）示意图》。

9.《土地利用总体规划修改方案》（属于《土地管理法》第二十六条规定情形的项目）。

10.《资金来源落实材料》（政府投资类建筑工程）。

11.《建设项目用地预审申请报告》（已取得区、县自然资源局初审意见的请一并提交初审意见复印件并加盖公章）。

12.《节能报告》（政府投资类建筑工程）。

13.《项目社会稳定风险评估报告及审核意见》（重大固定资产投资项目）。

14.《移民安置规划审核》（涉及移民安置的大中型水利水电工程）。

15.《航道通航条件影响评价审核意见》（涉及影响航道通航的项目）。

四、办理时限

政府投资类项目11个工作日（用地预审及选址意见第5个工作日前完成，权限内政府投资项目审批、固定资产投资项目节能审查及依法必须进行招标的相关工程建设项目招标范围、招标方式、招标组织形式核准第6个工作日前完成，建设用地规划许可证核发第11个工作日前完成）；社会投资核准类项目6个工作日（用地预审及选址意见第5个工作日前完成，权限内企业投资项目核准及依法必须进行招标的相关工程建设项目招标范围、招标方式、招标组织形式核准第6个工作日前完成）。

申请人补正申请材料、整改、组织听证、专家评审、项目公示所需时间不计入办理时限。

国有土地使用权初始登记

一、办理依据

1.《中华人民共和国物权法》。

2.《中华人民共和国土地管理法》。

3.《中华人民共和国城市房地产管理法》。

4.《中华人民共和国土地管理法实施条例》。

5.《确定土地所有权和使用权的若干规定》。

6.《山东省土地登记条例》。

7.《土地登记办法》。

8.《山东省实施〈中华人民共和国土地管理法〉办法》。

9.《中华人民共和国城镇国有土地使用权出让和转让暂行条例》等。

二、审批要件及申报材料

（一）出让

1. 申请表（现场打印，申请人处：代办人签字、手印）。

2. 单位信息［营业执照副本 / 统一社会信用代码证书复印件、不动产登记委托书（单位法人处：法人签字并加盖名章）、法人身份证复印件、代办人身份证复印件］。

3. 权属来源原件（出让合同、成交确认书、土地移交书）。

4. 不动产权籍调查及不动产测绘成果。

（1）不动产权籍调查表和四邻指界通知单及四邻单位的单位信息（营业执照副本 / 统一社会信用代码证书复印件、法人身份证明盖公章、法人委托书、法人身份证复印件、代办人身份证复印件，附件为税费明细表）。

（2）不动产测绘成果报告及图件（勘测定界图1张、宗地图4张，需盖测绘单位资质章）；测绘单位营业执照副本复印件、测绘单位资质、测绘人员资格证书及身份证复印件。提供测绘单位出具的 txt 文本格式坐标串（2000 国家大地坐标）。

5. 土地出让价款及税费资料（附件为税费明细表）。

6. 其他资料。

（二）划拨

1. 申请表（现场打印，申请人处：代办人签字、手印）。

2. 单位信息 [营业执照副本 / 统一社会信用代码证书复印件、不动产登记委托书（单位法人处：法人签字并加盖名章）、法人身份证复印件、代办人身份证复印件]。

3. 权属来源原件（政府批文、划拨决定书）。

4. 不动产权籍调查及不动产测绘成果。

（1）不动产权籍调查表和四邻指界通知单及四邻单位的单位信息（营业执照副本 / 统一社会信用代码证书复印件、法人身份证明盖公章、法人委托书、法人身份证复印件、代办人身份证复印件）。

（2）不动产测绘成果报告及图件（勘测定界图 1 张、宗地图 4 张，需盖测绘单位资质章）；测绘单位营业执照副本复印件、测绘单位资质、测绘人员资格证书及身份证复印件加盖单位公章。提供测绘单位出具的 txt 文本格式坐标串（2000 国家大地坐标）。

5. 现场照片 2 张。

6. 其他资料。

注：所有提供的复印件相关单位加盖单位公章。

地质灾害危险性评估报告备案

一、办理依据

1.《地质灾害防治条例》。

2.《省国土资源厅转发〈国土资源部关于加强地质灾害危险性评估工

作的通知〉的通知》。

3.《济南市地质灾害防治管理办法》。

二、审批要件及申报材料

（一）申请材料

1. 评估报告（2 份）。

2. 评估报告备案登记表（5 份）。

3. 地质灾害危险性评估单位资质和评估项目备案登记表（2 份）。

4. 上述材料电子文档光盘（2 份）。

（二）条件

评估报告编写单位应具有国土资源部或省国土资源厅颁发的地质灾害危险性评估单位资质。

三、办理流程

窗口受理→市国土资源局备案→市国土资源局出具备案证明→窗口发件。

四、承诺期限

5 个工作日。

工程建设许可

一、办理依据

1.《中华人民共和国城乡规划法》。

2.《山东省城乡规划条例》。

3.《济南市城乡规划条例》。

二、审批要件及申报材料

1. 申请表。

2. 企业投资项目备案。

3. 规划设计方案审查。

4. 供气设施设计审核。

5. 房建类项目海绵城市建设要求。

6. 供热设施设计审核。

7. 涉及国家安全事项的建设项目审批。

8. 电气工程设计规范要求审核。

9. 防空地下室建设设计通知书。

10. 防空地下室易地建设审批。

11. 城市地下空间建设项目兼顾人防易地建设通知书门楼牌编划申报。

12. 城市地下空间建设项目兼顾人防要求通知书大型建筑物、居民区命名审批。

13. 因工程建设需要拆除、改动、迁移供水、排水与污水处理设施审批。

14. 新建扩建改建工程节水设施设计方案审核。

15. 取水许可。

16. 生产建设项目水土保持方案审批。

17. 城市建筑垃圾处置核准。

18. 城区建设项目配套环卫设施设计审查。

19. 通信服务审批。

20. 建设工程抗震设防要求确定。

21. 物业服务用房配置设计方案审核。

22. 交通影响（出入口）审核。

23. 供水设施设计审核。

24. 社区综合服务用房设计规范要求审核。

水土保持验收

一、办理机构

济南高新区水务局。

二、办理依据

1.《水土保持法》。

2.《山东省水土保持条例》。

三、申请材料

1. 水保方案及批文。

2. 最终版总平面布置图。

3. 发改委核准文件。

4. 规划局批复文件。

5. 土地证。

6. 水保补偿费缴纳发票。

7. 渣土办结函或购土合同。

8. 绿化苗木清单。

9. 盖章文件(验收申请)。

10. 分部工程验收签证。

11. 单位工程验收鉴定书。

12. 施工日志（大事记）。

13. 监理日志（大事记）。

14. 项目竣工决算审核报告（包括与水保措施相关的分部分项工程清单与计价表、单位工程结算价汇总表、全费用综合单价结算汇总表、材料汇总表）。

15. 其他设计报告及批复文件（环评报告、地质灾害）。

16. 其他变更文件（项目或单位名称等，有则提供）。

四、办理程序

1. 承办人员视情况征求有关市县水利局意见，根据听证、现场核查、专家技术评审和征求意见等情况，拟定初审意见。

2. 首席代表对承办人员初审意见进行审核并签发《准予水行政许可决定书》或《不准予水行政许可决定书》。

3. 排版、盖章，窗口发文。

结合民用建筑修建防空地下室及易地建设许可——人防工程建设设计要求／人防工程易地建设许可通知书

一、申请条件

已取得市发改委的立项批文。申报“人防工程建设设计要求”的建设项目应取得规划部门颁发的建设项目规划许可证（或规划方案已经过规划主管部门确认同意）；申报“人防工程易地建设许可通知书”的建设项目应取得规划部门颁发的建设项目规划许可证。

二、办理依据

1.《中华人民共和国人民防空法》。

2.《山东省实施〈中华人民共和国人民防空法〉办法》。

3.《人民防空工程建设管理规定》。

4.《济南军区、山东省人民政府、河南省人民政府关于加快人民防空改革发展若干问题的决定》。

5.《关于规范山东省人防工程建设行政审批程序的通知》。

6.《关于进一步规范人民防空工程规划有关问题的通知》。

7.《济南市城市地下空间开发利用管理办法》。

8.《济南市人民政府办公厅关于印发济南市人民防空工程管理实施细则的通知》。

9.《济南市人民防空办公室关于加强人防工程设计审批工作的意见》。

10.《济南市物价局、济南市财政局、济南市人民防空办公室关于规范人防工程易地建设费征缴等有关问题的通知》。

三、审批要件及申报材料

（一）审发“人防工程建设设计要求”

1. 申请表（附有关依据和相关技术资料，可在市人防办网站下载）。

2. 建设工程立项批文（验原件，复印件1份及jpg格式电子版1份）。

3. 与报规划局办理方案审查相同版本的规划方案（已有建设项目规划许可证的需提供且均应提供jpg格式电子版1份，建设单位、设计单位盖章）。

4. 规划建设用地面积10公顷以上的建设项目，需提供经专家评审论证的人防工程修建性详细规划和专家评审会议纪要。

（二）审发“人防工程易地建设许可通知书”

1. 申请表（附有关依据和相关技术资料，可在市人防办网站下载）。

2. 建设工程立项批文（验原件，复印件1份及jpg格式电子版1份）

3. 与报规划局办理方案审查相同版本的规划方案及建设工程规划许可审查通知（已有建设项目规划许可证的需提供且均应提供jpg格式电子版1份，建设单位、设计单位盖章）。

4. 特殊情况：物流仓储项目属于工业生产性建筑的，需提供土地使用权属证件和市发改委的认证；因地质原因不宜修建人防工程的，需提供地质勘测报告。

四、审批前置条件

1. 经专家评审论证的人防工程修建性详细规划和专家评审会议纪要。

2. 需要拆除人防工程的项目，应取得拆除人防工程许可（易地建设：取得规划许可证）。

五、收费标准

1. 收费依据：济价费字〔2014〕48号。

2. 须按应建人防工程面积所需造价缴纳人防工程易地建设费，由人防主管部门统一组织易地修建。具体标准为：6级以上人防工程每平方米2000元；6B级人防工程市辖六区及高新区每平方米800元，其他县（市）每平方米600元。

3. 单建地下空间项目应兼顾人民防空需要，达不到兼顾标准的，应按照6B级人防工程的标准缴纳易地建设费。

六、办理流程

窗口受理→承办人审查→审批办负责人审核→首席代表签批→窗口发件。

七、承诺期限

10个工作日。

建设工程规划验线

一、办理依据

1.《山东省城乡规划条例》。

2.《济南市城乡规划条例》。

二、审批要件及申报材料

1. 申请表。

2. 规划放线测绘成果（临时建设工程、居民私房提供放线示意图）。

3. 法律、法规、规章规定的其他材料。

三、审批前置条件

施工图规划审查备案。

四、办理流程

窗口受理→分局科室审查→业务会研究→分局长签批→窗口发件。

五、承诺期限

2 个工作日。

建设项目施工图联合审查

一、办理依据

1.《中华人民共和国行政许可法》。

2. 各联审部门专业法律法规。

二、审批要件及申报材料

1. 建设项目施工图联合审查申报表（1 份，加盖单位印章）。

2.《济南市建设工程施工图设计文件审查合格书》（原件 2 份）和施工图设计文件审查意见报告。

3.《建筑项目施工图建筑面积审核表》（复印件 1 份）。

4. 建设项目施工图全套精装图纸（加盖设计单位资质章和施工图设计文件审查专用章，3 套，存储光盘 CAD、jpg 格式各 1 套），并提供建筑总平面图及各层平面图（加盖设计单位资质章，A4 或 A3 纸）。

5. 立项批文（复印件 1 份）。

6. 土地使用权属证件（复印件 1 份）。

7. 建设工程规划许可证及相关技术经济指标和规划部门盖章的方案图（复印件 1 份，验原件）。

8.《建设工程消防设计审核申报表》（1 份），备案的工程还需提供《建设工程消防设计备案表》（1 份），加盖单位公章。

9.《授权委托书》（法人及授权委托人身份证明文件各 1 份）。

10. 建设单位营业执照（复印件 1 份）。

11. 设计单位资质证明文件（复印件 1 份）。

12. 消防设计文件：建筑防火设计专篇，加盖设计单位资质章（A4 纸打印，国家、省重点工程项目、大型工业建筑、高层民用建筑、地下工程、人员密集的影剧院、展览馆、商场、歌舞厅等设置自动消防设施的公共场所、易燃易爆化学物品生产、储存场所）；设计单位对建筑、水、电、设备四部分的消防设计审查组审核文件，审查组负责人签字，加盖设计单位资质章（A4 纸打印）；两张 7 寸照片，拍摄工地现场全貌（从远处或高处拍），显示拍摄日期。

13. 设计人防工程的项目需提供：《防空地下室建设设计要求》；人防工程施工图设计文件审查意见书；防空地下室报建表；人防工程施工图纸精装 2 套、平战转换预案 2 套（审图机构盖章）及光盘 1 盘（单个区域内拟建人防工程超过 10000 平方米，以及指挥通信、医疗救护工程和防空专业工程，需提交人防工程方案设计文件和人防主管部门方案审查意见）。未设计人防工程的项目需提供《防空地下室易地建设许可通知书》和防空地下室易地建设费缴费证明。

14. 建设项目环境影响评估报告书（报告表、登记表）和批准文件（复印件 1 份）。

15. 室外雨水、污水管网工程施工设计总平面图（表明管径、管材、埋深、坡度、周边地形地貌等数据）；相应排水设施（化粪池、隔油池、沉砂池等）标准结构图，加盖设计单位资质章（1 套）和建设项目红线内市政设施管线综合图（3 份）。

16. 月均用水量 3000 立方米以上的新建、改建、扩建工程项目，需提交节水设施设计方案。建筑面积在 20000 平方米以上的宾馆、饭店、商店、公寓、综合性服务楼及高层住宅，建筑面积在 30000 平方米以上的机关、科研单位、大专院校和大型综合性文化、体育设施，规划人口在 30000 人以上或每日中水回用量在 750 立方米以上的住宅小区，需提交具有技术性审查资质的机构审查合格的中水设计施工图及设计说明、室外中水管网图，加盖设计单位资质章（1套）。

17. 1∶500现状地形图（2000国家大地坐标系，复印件1份）。

18. 防雷专业技术机构出具的防雷装置设计技术评价意见。

19. 水土保持方案报告书（报告表）送审稿1份（电子版1份）。

20. 建设项目附属绿化设计方案（平面图）1份（盖园林设计资质章）和电子版1份。

特殊情况如下：

（1）属勘察设计招投标范围内的提供建设工程勘察设计招标投标备案书复印件1份。

（2）政府投资的大中型建设工程项目提供初步设计审查意见复印件1份。

（3）超限建筑工程提供超限建筑工程抗震设防专项审查意见复印件1份。

（4）由省外勘察设计单位设计项目提供《省外工程勘察设计咨询单位进鲁承担项目备案表》（复印件1份）。

（5）取用地表水、地下水的，需要提供水资源论证报告。

（6）应用新标准、新工艺的，还应提供特殊消防设计的技术方案说明（涉及国家工程建设消防技术标准没有规定的；消防设计文件拟采用的新技术、新工艺、新材料可能影响建设工程消防安全，不符合国家标准规定的；拟采用国际标准或者境外消防技术标准的工程应当提供专家评审申报材料1份，加盖设计单位资质章，用A4纸打印）。

（7）加油站需提供省经贸委的批文复印件1份；网吧需提供当地文化部门的核准意见书、互联网上网服务营业场所立项批准书复印件各1份。

（8）工业生产重点监管建设项目（含矿山建设和用于生产储存危险物品工程项目）的设计审查的需要提交：工业生产建设项目安全设施审查申请书；建设项目设立安全审查意见书（复印件1份）；建设项目安全设施设计专篇；设计单位的设计资质证明文件（复印件1份）。

（9）涉及存在职业病危害的建设项目需提供：建设项目职业病防护设施设计审查申请书；建设项目立项审批文件（复印件1份）；建设项目职业病防护设施设计专篇；建设单位对职业病防护设施设计专篇的评

审意见；建设单位职业病防护设施设计单位的资质证明（复印件1份）；建设项目职业病危害预评价报告审核的批复文件（复印件1份）。

（10）公共场所建设项目需提供建设项目卫生专篇或卫生评价报告。

建筑工程施工许可

一、办理依据

1.《中华人民共和国建筑法》。

2.《建设工程施工许可管理办法》。

3.《建筑施工企业安全生产许可证管理规定》。

4.《关于加强区域重大建设项目选址工作　严格实施房屋建筑和市政工程施工许可制度的意见》。

二、审批要件及申报材料

1. 济南市建筑工程施工许可申请表（原件3份，施工单位一栏需加盖施工单位项目负责人建造师注册执业印章，并提供加盖施工单位公章的建造师注册证书复印件）。

2. 建设工程用地批准手续（复印件1份，验原件，含建设用地规划许可证和土地证）。

3. 建设工程规划许可证（复印件1份，验原件）。

4. 施工场地已经基本具备施工条件，需要拆迁的，其拆迁进度符合施工要求。

5. 施工图设计审查合格书（复印件1份，验原件）。

6. 经过备案的施工合同和应实行监理的监理合同或项目管理合同，施工单位和监理单位中标通知书（复印件1份，验原件）。

7. 建设资金到位证明（原件1份，有效期3天，见样本格式）。

8. 施工单位安全生产许可证（复印件1份，验原件）。

9. 工程质量、安全监督手续（复印件1份，验原件，含建筑工程质量监督通知书和建筑工程安全监督登记证）。

10. 消防设计审核意见或消防抽检备案手续（复印件1份，验原件）。

11. 建设项目环境影响报告批复文件或意见（复印件 1 份，验原件）。

12. 在市建筑工程交易中心办理各项手续、缴纳各项费用的申报表（复印件 1 份，验原件）。

13. 已缴纳新型墙体材料专项基金（10 元 / 平方米）。

14. 建设工程档案建档及报送服务合同书（复印件 1 份，验原件）。

15. 济南市配套费缴费联络单（复印件 1 份，验原件）。

16. 现场踏勘情况表（含地下管线交接表）。

三、办理流程

窗口受理→处室审核→窗口发件。

四、承诺期限

3 个工作日。